食育共創論

―地域密着と世代重視の実践から食の未来を拓く―

若林 良和 編

はじめに

1. 企画の背景

> 「私の母親が朝ごはんをしっかり作ってくれました。そういった
> 環境で育ててもらえたことが私にもつながっているので、私も子
> 供達に伝えていこうと思います。」

　これは、編者が高知大学教育学部で指導した卒業生とのショートメールで
交信した時（2020年4月）の内容である。2001年に卒業して、現在、兵庫県
赤穂市在住のKさん（旧姓Sさん）は、当時、「社会変動に伴う子どもの食生
活と学校給食の役割」と題した卒業論文を完成させた。編者は、今回の本書
の企画に向けて、これまでに編者が指導した食育や食生活、食文化、食産業
に関わる卒業論文を整理していた。しかし、Kさんの論文の現物が見当たら
なかったので、彼女に所持していないかと問い合わせてみた。すると、彼女
は、「あります。いまだに時折、読むことがあります。（笑）子供を持って、
よりいっそう食の事に気を使っています」とメールを返信してきた。
　そして、彼女への返却を条件に送り届けられた卒業論文を編者は改めて読
み直してみた。そこでは、高知県南国市の事例を取り上げて、核家族化に伴
い児童の食生活が粗雑になっていくなかで、今後、学校給食の果たす役割は
極めて大きくなることを例証し、食育の重要性が増大することも言及してい
た。彼女の卒業論文は食育基本法制定の4年前のことであり、さきがけ的な
論考ともいえよう。
　結婚して小学生の2児の母となったKさんは、今でも南国市の小学校での
給食スタイルが心に残っているという。そして、今の家族4人の食生活にも
活かしていると紹介してくれた。その実践内容が①孤食にさせず、夫ととも

3

に家族４人で食事の場所が楽しく美味しい時間になるように心がけていること、②朝食から夕食まで、主食と汁物、副菜とバランスよく食べること、③絶対に菓子パンで食事を済まさないこと、④清涼飲料水なども基本的に飲ませないこと、⑤なるべく安心・安全な食材しか使用しないように心がけていることの５点である。彼女はそれらを力説した。それで、彼女の子供達が毎日の食事時間を楽しみにしており、こうした食環境を大人になっても引き継いで欲しいと、彼女は思っている。さらに、まわりのお母さん方との会話で、朝食をパンのみで済ます家庭が多いことを憂い、学校の授業での集中力を高めるためにも米を中心とした朝食が大切であることを、彼女は編者に長文で訴えた。

　少々、手前みそのエピソードで恐縮だが、編者は、約20年前に食生活や食育をテーマにした彼女の卒業論文が今の家庭、とりわけ、家族の食生活の基盤として的確に活かされていることに感銘を受けた。さらに、徹底した食生活改善の取組、食の大切さを子供達に伝承しようとする意気込みに対して、編者は素直に敬意したいと思った。そして、このエピソードは食育のあるべき姿、さらには、食育実践の本質をも含んでいると妙に納得した次第である。

２．企画の目的

　2005年６月制定の食育基本法をもとに、これまで３次15年間にわたって食育推進基本計画（以下、食育計画と略す）は策定されてきた。そして、今回、第４次食育計画（2021 〜 2025年度）へと移行し、食育推進の拡充と新たな展開が求められる現況にある。過去15年間における食育計画のコンセプトを鳥瞰すると、第１次が食育の周知と普及、第２次が食育の実践と展開、第３次は食育実践による連携強化と、それぞれ概括できるだろう。

　第３次食育計画（2016 〜 2020年度）のコンセプトは、「実践の環を広げよう」であり、これまでの取組を踏まえて食育推進に関する質的な拡充と面的な向上を意図したものといえる。まず、食育推進施策の基本方針として５つ

の重点課題が設定されたが、編者なりにポイントを絞って概括すると、第3次において推進された食育は、①生涯にわたるライフステージから若年世代へと比重を置いた食育、②多様なライフスタイルに留意しながら健康増進につながる食育、③食生活や食文化を看取した食育の3点に集約でき、精力的な推進が試みられた。次に、その基本的な取組方針は第2次食育計画を踏襲し、健康・産業・教育の分野で実践的な食育が推進された。それから、食育推進の新たに設定された目標は①地域等における共食、②中学校の学校給食実施、③食品ロスの削減に向けた行動、④地域等における伝統的な料理や作法の継承の4項目であり、積極的な展開が図られた。さらに、食育推進は家庭や幼保・学校、地域など多様な場面において、総合的で、かつ、計画的な取組が促進されたのである。

　以上、食育基本法にもとづく第3次食育計画を念頭に置いて簡単にトレースしてきたが、過去5年間においては、様々なライフシーンにおける交流と連携、そして、協働による食育実践を裏付けることができた。それらを踏まえて、これからの食育実践においては、「共創」の精神にもとづく多面的な取組が最も重視されるべきだと、編者は考えている。少子高齢化や人口減少などドラスティックな社会変動が進行する一方、多元的な価値社会が到来し、多様な価値が保障されるなかで、これまでの価値の再生と見直し、新たな価値の創出が重要になってくる。このことは、今後の社会状況を考慮すれば、食育推進、とりわけ、食育実践の場においても、いろんな機会を通して、食にまつわる価値を共に創り上げる必要がある。これは、換言すれば、リーダーとフォロワーをはじめ、立場の異なる担い手の協業による食育の価値共創を意味する。たとえば、食育実践の現場では、指導者と学習者の学び合いから生まれてくる食品や栄養、食文化などの価値の再生や創出が想起される。重ねて強調しておきたいのは、これからの食育実践で「共創」の発想は不可欠となり、地域や世代を超えて食の価値共創をもとにした実践活動が求められることである。

　編者は日本食育学会誌12-2（2018年4月刊）の「巻頭言」（p.93）において

食育実践論の体系化を提唱した。本書は、それを受けて「共創」という考え方で、食育実践に関するポリシーやコンテンツ、メソッド、あるいは、様々なノウハウを多面的に検討することにねらいがある。

3.「共創」という概念

　本書でいうところの「共創」の原義は、英語ではCo-Creationと表されることが多く、「共同行為による創造」である。つまり、これには、「全員が一緒に力を合わせる」という共同のレベルを超えて、「多様な立場や分野の人たちが、本当の強い意志を共有できる人たちと共に対話し行動するなかで深く理解し合いながら、課題の解決に向けて新たな価値や期待に沿った手立てを創り上げて取り組む」という徹底した能動的で実践的な意味合いがある。そして、「共創」の基盤は、個人の強固な主体性と自主性、全構成員の綿密な連帯性と協働性、そして、それらの融合である。「共創」による食育推進は、「食」に関する知識と選択する力を修得し健全な食生活を推進するという共通の目標に向かって、異なった世代やキャリアや才能、また、様々な視点を持った人物が結集し、各々の立場からの叡智を集めるところに重要な意義がある。そして、食育実践は、社会や集団にとってメリットとなる新たなプラス志向の価値を創り出し、その課題を解決するためには奥深くて強固な関係性、つまり、社会集団の凝集性が重要となる。

　他方、「共創」のあり方や形態は多種多様であろう。食育実践が効果的であった場合、それを途切れることなく連鎖させることも求められる。これを効率良く持続的な取組としていく際に期待されるのも、「共創」である。食育実践者が相互に意見や要望を出し合って検討し、継続的な食育実践という課題の解決に向けて知識やノウハウを結集させ、感性や知的能力に集約して総意とすることも、「共創」である。

　こうした「共創」による食育実践は先見性と一貫性を担保できることから、今後、益々、重要になってくるだろう。というのも、「共創」の発想による

6

食育実践には、当面の課題解決のみならず、将来を見すえた食育の方針や在り方につながり、食育推進の未来を検討できる可能性を秘めているからである。

4．分析の方法

「共創」による食育実践、つまり、食の価値共創には、前述のとおり、地域や世代を超えた取組が不可欠である。そこで、本書では、「共創」の発想にもとづく様々な食育実践に関して、「地域と世代」に着目して検討していきたい。

まず、地域であるが、これは食育基本法、さらには、3次にわたる食育計画の食育推進の目標に関する事項、それに、食育の総合的な促進に関する事項のなかで指摘されたキーワードである。地域と食育のあり方について、編者は前述した日本食育学会誌12-2の「巻頭言」において強調した経緯がある。それは、第3次食育計画で示された重点課題に通底する捉え方であり、「地域に根ざした食育実践」、つまり、「地域密着」というアプローチから、食育実践の内容と方法に関する実質化や汎用化を究明することである。

それから、世代であるが、これも食育基本法や食育計画で同様に重視されたキーワードである。世代と食育の捉え方には、生涯食育に代表されるように「世代を超えた食育実践」、すなわち、「世代重視」というアプローチから、食育実践の内容と方法に関する系統化や拡充化を図っていく必要がある。

その上で、「共創」の発想を基本に、地域密着と世代重視という2つのアプローチから迫っていく食育実践の活動舞台、つまり、社会的な食のシーンとなるのは「産業分野」・「健康分野」・「教育分野」の3分野である。元来、食育推進は農林水産省や厚生労働省、文部科学省の所轄事業にもとづく取組があり、それらの諸事業の総合調整的な役割を内閣府が果たしてきた。したがって、食育実践の3分野に関しては、重層的で、かつ、学際的に解明していくべきだと考えている。

まず、「産業分野」に関しては農業や漁業に関わる生産〜流通〜消費の各段階を通じた食育の実践であり、農漁業者による体験活動、バイオマス利用と食品リサイクル、都市と農漁村の共生、都市住民と農漁業者との交流、地産地消、食の循環や環境に配慮した食育などが想定できる。次に、「健康分野」については、「健康日本21」による国民健康づくり運動の推進、「健やか親子21」による母子保健運動、「日本型食生活」の実践、「食生活指針」や「食事バランスガイド」、「食育ガイド」の利活用、食文化の継承、「和食」の保護、食品の安全性・栄養に関する情報提供などがあげられる。そして、「教育分野」においては、栄養教諭を中核とした食育、児童生徒の生活習慣と生活リズム、食生活学習教材の作成、地域との連携による学校給食事業、乳幼児に対する栄養指導、就学前の子供に対する食育、消費者教育などが例示できる。

　このように、食育実践の活動舞台や社会的シーンには多様性が見られることから、総合的で、かつ、俯瞰的な立場で検討していく必要があるといえよう。

5．本書の構成と執筆者

　本書は、以上のような企画の背景や目的から、「共創」という発想を前提に、3分野に対して2つのアプローチから検討を加えていくが、2部15章の構成となっている。まず、第1部の「地域密着の実践」は産業分野3章、健康分野2章、教育分野2章の合計7章である。それから、第2部の「世代重視の実践」は産業分野2章、健康分野3章、教育分野3章の合計8章である。

　そして、各章の執筆者は、愛媛大学大学院（博士課程、修士課程）に入学し編者らの研究指導を受けて学位（博士号、修士号）を取得した皆さん（大学教員、公務員、民間企業人、民間団体関係者など）、あるいは、編者とともに地方自治体で食育実践をしたり食育推進計画の策定に関わったりした皆さんである。彼らは食育実践のエキスパートであったり、気鋭の大学教員で

あったりと、食育推進の第一線を担っている。それに、専門分野も社会学や経営学、教育学、社会福祉学、家政学、生活科学、栄養科学、食品科学など多岐に及び、食育実践の3分野に呼応して、文系から理系まで多様な学問領域にわたる。これは、まさにトランスディシプリナリー（超学際的）なアプローチを試みようとするものである。したがって、各章においては、食育実践の活動内容が、リアリティを大前提にして、ある時にはアカデミックに、また、ある時にはパトス的に読者の皆さんに迫ってくるものと思う。さあ、皆さんを食育実践の世界へと誘いましょう。ご一緒に、どうぞ。

（若林　良和）

目　次

目　次

第4章　食育リーダーとソーシャルキャピタル………… 山下　三香子 … 64
　1．はじめに ……………………………………………………………… 64
　2．ソーシャルキャピタルと地域包括ケアシステムの概要 ………… 66
　3．地域包括ケアシステム構築と食生活改善推進活動 ……………… 69
　4．活動に伴うソーシャルキャピタルの醸成 ………………………… 71
　5．活動からみたソーシャルキャピタルの関係性 …………………… 74
　6．おわりに ……………………………………………………………… 77

第5章　幼児期における地場産物を教材とした食育活動プログラム
　　　　……………………………………………………… 和田　広美 … 80
　1．はじめに ……………………………………………………………… 80
　2．幼児期の食育 ………………………………………………………… 81
　3．宇和島市における食育活動の実践と効果・評価 ………………… 86
　4．地域に根ざした保育所等における食育の協働システム ………… 92
　5．おわりに ……………………………………………………………… 94

第6章　地域の食文化創造と共創ネットワーク………… 千葉　しのぶ … 96
　1．はじめに ……………………………………………………………… 96
　2．NPO法人霧島食育研究会の実践活動 …………………………… 97
　3．「霧島・食の文化祭」の開始 ……………………………………… 99
　4．「霧島・食の文化祭」の軌跡 ……………………………………… 101
　5．「霧島・食の文化祭」の成果と共創過程 ………………………… 106
　6．おわりに ……………………………………………………………… 110

第7章　SDGsと食育 ………………………………………… 皆川　勝子 … 112
　1．はじめに ……………………………………………………………… 112
　2．「ふれあい食堂」による食育実践 ………………………………… 113
　3．「久米っ子わくわくクッキング」の食育実践 …………………… 117
　4．「久米SDGs大作戦」による食育実践 …………………………… 119
　5．おわりに ……………………………………………………………… 123

11

第1部
地域密着の食育実践

第1章

「ぎょしょく教育」による食育共創の方向性
—地域水産業を素材とした学校教育での実践を通して—

若林　良和・猪野　啓士郎

1．はじめに

　「ぎょしょく教育」。これは、筆者（若林）らが15年前に提唱した考えで、食育推進と魚食普及を統合した、総合的な水産版食育のことである。当時から、筆者（若林）は水産振興を漁村活性化の方策について、地域の社会構造や生活文化の視点から社会学や文化人類学、水産経済学など学際的に検討してきた。そして、カツオ産業文化研究をライフワークとする筆者（若林）にとって、愛媛県愛南町（以下、本町と略す）は四国一のカツオ水揚げ高を誇ることから、魅力あるフィールドの一つである。他方、2008年、本町に新設された愛媛大学南予水産研究センター専任教員として、筆者（若林）は愛南町食育推進協議会やぎょしょく普及推進協議会に参画し、「愛なん食育プラン」（第1次の2010年より第3次の現在まで）や「愛南ぎょしょく教育プラン」（2011年）を主導的に策定してきた。そうしたなかで、第3次食育推進計画（2020年度より実施）の教育分野で精力的に取り組んでいるのが、もう一人の筆者（猪野）である。筆者（猪野）は、これまで愛媛大学教職大学院で実践研究を推進するとともに、本町内はもちろん、町外（県庁所在地の松山市など）の小学校において「ぎょしょく教育」の実践している。

　ところで、筆者（若林）は「ぎょしょく教育」の地域的な意義として、これまでの企画と実践を踏まえて、2つの分野から整理してきた[1]。第1の産業分野では、「ぎょしょく教育発祥地・愛南」をセールスポイントとした本

町内外での多様な戦略で、「ぎょしょく教育」は地場水産物のブランド化の裏付けになった。地域ぐるみの実利的な食育活動をもとに、漁商工連携による「ぎょしょくビジネス」の展開が積極的に推進できるものと考える。第2の教育分野としては、「ぎょしょく教育」が地域活性化の基盤となり、地域の教育力を高める可能性を持っている。「ぎょしょく教育」は、地域資源（地場水産物）の発掘〜活用〜伝承を前提に「地域理解教育」の役割を果たし、地域の社会関係そのものを豊かにして、水産業と地域社会を紡ぐことができると想定する。

　筆者（若林）は、これまで「ぎょしょく教育」の産業分野に比重を置いて検討してきた。産業分野における先行的な分析を踏まえて、本稿では、教育分野のうち、特に学校教育との関連性に焦点をあてて検討する。というのも、筆者（若林）が近年、就学前の子供たちに関する検討を実施した経緯を持つことから[2]、本稿はその続編に位置付けられる。小学校の児童を対象とした今回の検討は、2人の筆者（若林と猪野）の「協働による共創」でもある。具体的には、「ぎょしょく教育」の内容について概説した上で、地域水産業を素材にした「ぎょしょく」の地域内外における実践、さらに、アフター・ウィズコロナ社会を見据えてコロナ禍における「ぎょしょく教育」の取組も含めて整理する。その上で、学校教育において地域の連携〜協働〜共創を念頭に、より効果的に推進するための方策、換言すれば、教育分野における地域水産業をもとにした食育共創の方向性を探るのが、本章の目的である。

2．地域水産業と「ぎょしょく教育」

（1）地域水産業の概要

　愛媛県の最南端に位置し人口約2万人の愛南町は、豊かな水産資源に恵まれ、水産業が地域の基幹産業の一つになっている。本町は「日本の漁業の縮図」と呼ばれるように、漁船漁業と養殖業が盛んである。漁船漁業では、黒潮の恩恵を受けて、カツオの一本釣りをはじめ、アジ類やイワシ類、サバ類

の旋網、底曳きなどが行われ、特に、「愛南びやびやカツオ」は高鮮度で弾力とモチモチ感のあるブランド魚である。養殖業では、リアス式海岸を利用して、マダイやブリ、マグロ、スマ、シマアジ、ヒオウギガイ、カキ、真珠、真珠母貝、ヒジキなど多種多様な魚介類や藻類が生産され、特に、全身トロのスマは「伊予の媛貴海」や「媛スマ」のブランドで高い評価を得ている。

（2）「ぎょしょく教育」の概念

　食育基本法（2005年成立）を契機に、食育推進は積極的に行われている。食生活で看過できない食材に水産物が、そして、食育実践で不可欠な産業分野に水産分野があって、多様な取組は展開されている。他方、それ以前の1970年代からアジやイワシなど多獲性大衆魚の消費拡大を目的に魚食普及活動がみられる。しかし、昨今の水産物をめぐる環境をみると、輸入の増大化、流通の複雑化、生産と消費の乖離化、食の欧米化などにより若年層をはじめとする魚離れが顕著となり、日本人は「魚食民族から肉食民族へ変化した」とさえ言われる。こうした実情から、食育基本法にもとづく食育推進と、消費拡大に向けた魚食普及を統合した考えが、総合的な水産版食育の「ぎょしょく教育」である。筆者（若林）らが2005年に「ぎょしょく教育」を水産業の盛んな南予地域（愛媛県南部地域）に提案したところ、最初に率先して取り組んだのは、本町であった。

　「ぎょしょく教育」推進の視点は、①地域の特性を念頭に置き、地域水産業、地域生活文化を活かすこと、②従来の魚食普及や栄養指導などを踏まえつつ、漁と食の再接近に向けて検討すること、③社会学や経済学など社会科学的なアプローチであるフードシステムの立場をもとに、地場水産物の生産から消費までトータルに把握することの3つである。そして、「ぎょしょく」をひらがな表記することで、単に「魚食」だけでなく、7つの「ぎょしょく」として魚の生産から加工、流通、販売、消費、文化まで多くの意味が包含でき、魚にまつわる諸事象をより体系的で、かつ、動態的な把握は可能となる。

図1　7つの「ぎょしょく」の概念（筆者作成）

「ぎょしょく教育」＝総合的な水産版食育

魚にさわる

魚の味

魚の特色

魚をめぐる環境

① 【魚触】魚に直接、触れる体験学習、調理実習。
② 【魚色】魚の種類や栄養など特色に関する学習。
③ 【魚職】魚の生産や流通など職業に関する学習。
④ 【魚殖】養殖魚の職業に関する学習。
⑤ 【魚飾】飾り魚など伝統文化に関する学習。
⑥ 【魚植】植林など魚をめぐる環境に関する学習。
⑦ 【魚食】魚の味を知る学習、試食。

とる漁業

育てる漁業

魚の伝統文化

　7つの「ぎょしょく」は図1のとおりである。概説すると、①調理実習など魚に直接触れる体験学習の「魚触」、②魚の種類や栄養などの魚の特色に関する学習の「魚色」、それから、魚の生産や流通のうち、③漁船漁業を知る学習の「魚職」と、④養殖業に関する学習である「魚殖」、さらに、⑤魚の伝統文化の学習である「魚飾」、⑥魚をめぐる環境（水産業者の植林活動）に関する学習の「魚植」、最後に、⑦魚の味を知る学習、試食の「魚食」である。つまり、「ぎょしょく教育」は「魚触」から「魚飾」まで一連の6つの学習プロセスを経て、「魚食」に到達する教育上の仕組みと言える。

3．地域内における「ぎょしょく教育」の実践

（1）教育重点目標と「ぎょしょく教育」の展開

　愛南町で2005年度から着手された「ぎょしょく教育」推進事業は、2010年度より「義務ぎょしょく」として本町内すべての幼稚園、小中学校で実施されている。幼稚園などの幼児期の場合、「魚触」の取組をはじめ、「愛南ぎょレンジャー」（「ぎょしょく」推進のためのキャラクター）を活用して、魚に対する親近感を持たせるなど動機付けが中心となる。小中学校の青少年期の

場合、愛媛大学と愛南町水産課（以下、水産課と略す）の共同開発による学習コンテンツと教育プログラムが、それぞれの小中学校の各学年で年間1回以上、年間カリキュラムに組み込まれている。児童生徒は発達段階に応じて地域の魚や水産業を系統的に体系学習できる。

　本町の教育重点目標の一つに「地域と共にある学校づくりの推進」があり、それに「ぎょしょく教育」は連動する教育と位置付けられる。また、小学校社会科副読本『わたしたちの愛南町』（本町教育委員会編集）では、単に教科学習だけでなく、ふるさと学習やキャリア教育の観点も重視されている。そして、「地域の理解を深め、地域を愛する子どもになってほしい」という願いが込められて紹介されているが「ぎょしょく教育」である。

　本町内の「ぎょしょく教育」は、毎年度当初に水産課職員によって幼稚園や小中学校の担当者との間で調整される。「ぎょしょく教育」授業に対する事前要望調査の上、開催の時期や内容の最終調整を経て、毎月の「ぎょしょく教育」授業実施計画は作成される。これをもとに、それぞれの幼稚園や小中学校の諸事情を考慮して、様々な学習が進められている。

　筆者（猪野）が勤務していた小学校（愛南町立城辺小学校）の実践例をみておこう。第1学年の参観授業や親子PTA活動では、学級活動「ちりめんモンスターを探せ」と題して、児童は、水産課の準備したちりめんの中にいるタツノオトシゴやタコ、タイ等の稚魚を虫眼鏡や顕微鏡を使って探し出す。（**写真1**参照）これは、児童とその保護者が楽しくふれあいながら学習できるので、人気を博している。第2学年の生活科の授業では「お魚タッチ」が行われている。体育館に設置した小さなプール（生簀）には、地元の漁港に水揚げされたブリやタチウオ、シュモクザメなど多種多様な魚が入れら

写真1　学級活動「ちりめんモンスターを探せ」（筆者撮影）

20

れる。児童は、水産課職員から説
明を受けながら、魚を実際に見て
触って、魚への親近感を持ち興味
や関心を高めていく。その後、
「魚触」の体験を図画工作科の授
業につなげて、児童は魚を絵画に
表して視覚や触覚、嗅覚など感覚
を使って魚への理解を深める。第
6学年の家庭科の授業において、

写真2　鯛ピザロール（筆者撮影）

児童は地域のマダイを調理して「鯛ピザロール」をつくる。（**写真2**参照）
これも水産課職員の指導によって、児童でも簡単に作れることから、自宅で
家族のために作ってみたいという意見が多くある。ただ、2020年度の場合、
コロナ禍により、地場水産物を用いた調理実習は中止となっている。

（2）ICT活用した「ぎょしょく教育」の推進

　コロナ禍のためにオンライン形式の遠隔教育が注目されて多方面で推進さ
れているが、本町はコロナ禍以前からICT活用の「ぎょしょく教育」を積極
的に展開している。第5学年の社会科の授業では、愛南町ぎょしょく普及推
進協議会や株式会社愛媛CATVの協力を得て、ICT活用の遠隔通信授業が推
進されている。この授業では、**図2**のように、高速無線通信サービス「イー
ネット・ワイヤレス」を使うことで、小学校の教室と水産現場の間で双方向
のバーチャルな見学が可能になる。インターネット電話サービスによるオン
ライン形式で沖合の養殖場と児童のいる教室をリアルタイムに結ばれ、水産
会社職員は現地レポーター役となり、現場を撮影しながら報告した。児童は、
教室でその映像と説明を受け、水産会社職員に質問したり感想を述べたりし
て交流学習を進めていた。水産会社職員が直接、応えることで、児童は海の
仕事や養殖魚をより身近に感じることができる。城辺小学校では、これを社
会科の漁業に関する学習単元の事前学習と位置付けている。児童は、この後、

図２　「ぎょしょく教育」遠隔通信授業の方法①
（愛南町の水産現場と愛南町の小学校をつなぐ）

水産課職員から「ぎょしょく教育」授業を受け、後日、協力の得られた水産会社の養殖場を訪問し、仕事の実際を見学することで、地域水産業に関する学習内容の定着度は高まる。

　こうした取組の効果やメリットは、児童や水産会社（安高水産）、メディア（愛媛CATV）の３者にみられる。まず、児童において、「ぎょしょく教育」授業は、単に知識学習にとどまらず、リアリティが伴うことで情操教育やキャリア教育としても効果的である。このことは、児童の授業後感想からも裏付けられた。たとえば、「一つの生簀に約４万匹入っていて、そのエサが一日100kgであることにびっくりした」という養殖業に対する驚き、「将来の夢は魚の研究者であり、今回学んだことを活かしてがんばります」といった将来の展望、「養殖場へ船で行くのに感激し、小さなタイの子どもを見て、命を大事にしたい」という生命尊重の思い、「丁寧に養殖しているので、魚を食べる時にありがとうの心を持ちたい」といった感謝の思いなど多様であった。次に、水産会社では、現地レポーター役を担当した職員の場合、会社の業務内容への理解は深まり、児童にわかりやすく伝える創意工夫が能力開発にもなった。このことから、長期的にみて前途有為な人材育成につながるという社長の積極的な評価があった。さらに、通信・情報環境の整備で協力したメディアも、学習内容の収録を通して自社の学童向けの番組づくりに

活かせる知見が見出されていた。

　小学校の「ぎょしょく教育」では、地域における水産業者や放送業者をはじめ多様な地域のステークホルダーの理解と協働によりICT機器の有効活用が促進された。その結果、児童にリアルで充実した学習環境が提供されたのである。「ぎょしょく教育」は、地域のステークホルダー間でWin-Winの関係性の形成とともに、地域のソーシャルキャピタル（住民や組織間の信頼にもとづく相互関係）に支えられているわけである。

４．地域外における「ぎょしょく教育」の実践

（１）松山市での「ぎょしょく教育」の試み

　松山市の小学校社会科副読本『ふるさと松山』（松山市教育員会編集）の「特色ある地域と人々のくらし」のなかで、豊かな自然を生かす町として愛南町が取り上げられている。筆者（猪野）は、松山市内の小学校（松山市立清水小学校）勤務時に、同僚の教員から本町で推進している「ぎょしょく教育」授業実施の要望を受けた。当時の管理職に許可を得た後、水産課とメディア（愛媛CATV）の協力を得て、2017年と2018年に、第４学年を対象としてICT活用による「ぎょしょく教育」の遠隔通信授業が実現した。この取組は、今も定期的に実施され続けている。こうしたオンライン形式の授業は、現在でこそ全国的にも珍しくないが、コロナ禍以前の「ぎょしょく教育」授業では初めての試みである。本町外の学校と本町内の水産現場を中継して双方向による学習は様々な教育的な成果があったことから、事例を紹介したい。

　まず、実施内容は、第４学年の年間指導計画に合わせて、実施時期を２月上旬とした。「ぎょしょく教育」授業は本町の特色や漁業の実態を学習した発展学習と位置付け、社会科授業の３単位時間分を特別授業とした。

　次に、授業内容は、基本的に本町内で行っている遠隔通信授業と同じものであるが、本町と松山市は直線距離でも約120kmも離れており、画像と音声の中継で安定した通信環境の確保が不可欠であった。通信機器の整備や通信

図３　「ぎょしょく教育」遠隔通信授業の方法②
（愛南町の水産現場と松山市の小学校をつなぐ）

環境のテスト確認などは愛媛CATVから全面的な協力を得られた。ケーブルモバイル回線を使用した双方向の高速無線通信サービスで、**図３**のように、「ぎょしょく教育」授業が実施されたのである。本町の久良漁港と松山市の清水小学校がオンライン形式でつながれ、児童は水産現場の実態をリアルタイムで視聴でき、視聴のストレスを感じることなく、バーチャルな見学に加えて、漁協職員との質疑応答ができた。さらに、スペシャル企画として、旬を迎えたブリの解体、本町の美味なブリの切り身焼きの試食を実施した。松山市教育委員会と児童の保護者らに承諾を得た上で、児童のアレルギー対応状況、魚の加熱処理の徹底確認、インフルエンザ等の感染予防対策など周到な準備が講じられた。当日は、水産課職員（日本食育者協会認定のシーフードマイスター「お魚のソムリエ」資格保持者）が大型のブリを解体実演した。（**写真４**参照）鮮やかな包丁さば

写真４　大型ブリの解体実験（筆者撮影）

きで1匹のブリが見事に解体されていく様子に、児童は大歓声を上げた。その後、脂ののったブリの切り身はホットプレートでしっかりと加熱調理されて、児童全員に振舞われた。児童はそれを笑顔で頬張って「おいしい。おいしい。」と感激していた。

（2）「ぎょしょく教育」の効果

「ぎょしょく教育」の教育的な効果に関して、授業後に提出された児童の感想から検討しておく。感想の内容は主に4つのカテゴリーに分類でき、それらの代表的なものを例示する。

カテゴリー1（水産業）：「遠くに離れた場所だけど、実際に養殖の仕事をされている人たちの様子がよく分かりました。」、「養殖業のことが分かりやすかった。」

カテゴリー2（地域）：「愛南町のことを、もっと知りたい。」「家族で、愛南町に行ってみたい。」、「多くの人に愛南町のよさを知ってもらえたらいい。」、「自分たちが住んでいる松山市のことも、もっと知りたい。」

カテゴリー3（態度）：「愛南町のブリやたくさんの魚についてよく分かりました。命を大事にしたい。」、「苦手だった魚が、今日の授業を通して好きになりました。これからは、感謝して食べます。」

カテゴリー4（方法）：「映像を使って相手を見ながら、教室や漁港の様子をお互いに伝え合えるのは大変よい。」

これらを含めた全体の感想からも、ICTの積極的な利用によって、「ぎょしょく教育」遠隔通信授業は、児童の意欲的な学び、充実した学習機会となったことが理解できる。そして、「ぎょしょく教育」の実践は、水産業や海洋を身近に感じてそれらへの理解が深まるだけでなく、食そのものや生産者に対する感謝、命を大事にする心、自分たちの住む地域、地場水産物を通した遠隔地域とのつながりの大切さを醸成する契機になったと言えよう。他方、授業後の休日や長期休暇に、多くの児童たちは自発的に家族と一緒に本町を訪問することもあった。たとえば、彼らが「ぎゅぎゅっと愛南」などの本町

イベントに参加したり、南レクのジャンボプールなどのレジャースポットに立ち寄ったりすることもあって、交流人口の増加という経済的な波及効果もみられた。この実績を踏まえて、応用的な展開として、本町の久良漁港と東京都中野区の小学校をつないだ「ぎょしょく教育」遠隔通信授業も行われ、ICTを活用した授業方法の可能性と拡がりも明らかになった。

　2005年度に開始された「ぎょしょく教育」授業は、地域内の幼稚園や小中学校のほか、愛媛県内、さらには、東京都や福島県、兵庫県など県外でも推進された。水産課職員や漁業関係者が出向いて「出前ぎょしょく教育」授業を実施した結果、その受講者は年々、増加した。コロナ禍以前（2018度末まで）の受講生数は地域内外を含め合計6,841人に達し、大きな実績をあげている。

　以上のことから、若林（2019）が指摘するように、「ぎょしょく教育」授業は、単に学校と地域をつなぐだけでなく、地域と地域をつないで面的な広がりも生まれ、その教育内容と方法も拡充されてきたのである。

5．コロナ禍における「ぎょしょく教育」の新展開

　コロナ禍のなか、未来志向で新しい生活様式や新しい学校教育のあり方が模索されており、GIGAスクールの構想、学習のオンライン化は加速化している。2020年度末には、愛南町の児童生徒全員に一台ずつの学習用端末が用意されて、学校のICT環境の整備は進んだ。

　これまでの「ぎょしょく教育」授業を顧みれば、対面形式の授業で園児、児童生徒と語り合い、ふれあいながら実践することに本来的な効果があるのは言うまでもない。他方、コロナ禍以前に本町が推進してきたICT活用のオンライン形式の授業にも教育上の大きなメリットが存在した。コロナ禍で感染防御を最優先する現在の学校教育においても、新しい「ぎょしょく教育」授業のあり方を探る必要がある。具体的には、対面形式とオンライン形式を組み合わせたハイブリッド型の「ぎょしょく教育」授業が想定できるが、そ

写真6　愛南町産のカツオを使用した学校給食（筆者撮影）
　　　（左：かつおごはん、右：かつおの揚げ照り煮）

れに向けた2021年度の活動を検討しておきたい。

　本町では、全員のマスク着用をはじめ多様な感染予防対策が講じられ、完全な学校再開を果たしたのは2020年5月であった。その後も、多くの制限のなか、同年9月に「ぎょしょく教育」授業も本町内の幼稚園や小中学校で再開されたのである。その内容は、調理や試食等を中止し、水産業者や水産課職員を講師とする座学が中心となった。

　また、学校給食も、愛南町の学校給食センターは、コロナ禍で多大な影響を受けた食材納入業者や水産業者と連携して、児童生徒のために給食メニューを工夫している。たとえば、「ぎょしょく教育」関連の取組には、給食キーワードデーの設定がある。毎月10日を「とと（魚）の日」には、本町の地場水産物である「町の魚」の生鮮カツオ、日本初の養殖スマなどを使用した献立が提供されている。（**写真6**参照）園児や児童生徒の多くは、この給食を楽しみにしている。その際に、水産課職員と学校給食センターの栄養講師の協力で作成された「ぎょしょく教育」に関する掲示用ポスター、給食時の校内放送用説明資料が各小中学校で活用されている。（**写真7**参照）

　コロナ禍の状況下、前述の地域内に加えて、地域外でも「ぎょしょく教育」は実施されている。東京都内の小学校を対象にした「ぎょしょく教育」授業は、10年以上前から連携している関東給食会の依頼を受けたものである。コロナ禍のなか、ICTを活用した「ぎょしょく教育」の遠隔通信授業は2020

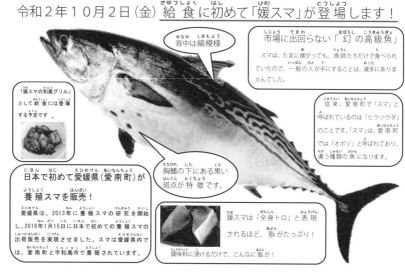

写真7　「媛マス」のポスター

　年10月より可能な小学校から、順次、再開されている。水産課職員がタイや魚介類の説明動画をオンライン配信し、関東給食会の職員が講師となってハイブリッド型の「ぎょしょく教育」授業が行われた。その日の給食メニューには地場水産物である養殖ダイを使った、鯛めしが提供され、児童は大喜びであった。

　そのほかに、「ぎょしょく教育」の情報発信と交流拠点を目的とするホームページ「ピアザ愛南ぎょしょく」でも、本町の水産業や魚介類に関する多様なコンテンツがWEB配信されている[3)]。これは各小中学校において社会科や家庭科、総合的な学習などの教材として有効である。

　このように、コロナ禍にあっても多様な創意工夫のもとで実施されている「ぎょしょく教育」は、教科学習に効果的であるだけでなく、地域内外で展開される児童生徒と生産者の温かい交流をベースに、感謝の気持ち、ふるさと（地域）を愛する心を育むなど、教育上の多様な可能性を秘めている。そして、現在、検討の進められているGIGAスクール構想においても、ICTを

活用した「ぎょしょく教育」は一定の貢献ができるだろう。本町の小中学校は、コミュニティ・スクールとして「教育は学校の中だけで完結するものではなく、地域と共に子どもを育てる」ことを重視している。したがって、地域のソーシャルキャピタルを生かし、学校・家庭・地域・行政が一体となって、児童生徒のために協働し共創することは極めて重要である。

6．おわりに

　今回は「ぎょしょく教育」発祥の地である愛南町を事例に、食育の共創について検討した。特に、コロナ禍でICT利用した教育が注目されるなか、「ぎょしょく教育」授業では、コロナ以前から従来型を止揚したハイブリッド型教育メソッドが果敢に試行されてきたのである。ICTという「ハード」のなかで、「ぎょしょく教育」は地域のソーシャルキャピタルをもとに「ハート（心・思い）」が込められている。それで、地域のステークホルダーと園児、児童生徒の間で、「郷育」と「響育」という2つの「きょういく」が共創できていると言える。前者の「きょういく」が自分の居住している地域（ふるさと・郷土）を愛する心を育むことであり、後者の「きょういく」は食そのものに対する感謝、地域や生活を支えている住民への感謝の思いとして響く心を育てることである。

　「ぎょしょく教育」実践の教育的な効果としては、地域の教育力を高める取組と位置付けられ、地域の社会関係そのものを豊かにして、水産業と地域社会と学校を紡ぐことができる。五感による体験学習を重視した「ぎょしょく教育」は、動機付けの学習となり、優れた感受性とたくましい想像力を育て、鋭い洞察力や積極的な行動力を培える。したがって、「ぎょしょく教育」は、感性と論理の両面で、子供たちの魚離れの是正にとどまらず、子供とその保護者に地域の価値に関する再認識という地域アイデンティティ、さらには、地域への愛着というシビックプライドをめばえさせる契機となるだろう。

　「ぎょしょく教育」は「地域と共に」あって、地域と学校を強く結びつけ

る役割を持つことは言うまでもない。この地域における共創の基盤となるのは、「ぎょしょく教育」に興味関心・やりがいを持ってくれる地域のステークホルダーである。今回の事例における地域のステークホルダーには、産（愛南漁協・久良漁協、地元水産会社）、官（愛南町役場）、学（幼稚園や小中学校、愛媛大学）、民（愛媛CATVなど地元メディア）などがあげられる。これは地域ぐるみの対応、つまり、地域での異分野・異業種・異職種の人々の総意と総出によるものである。彼らの協働に対する意識と行動が「ぎょしょく教育」という食育の共創を方向付けていくことになる。

　食育共創の基盤は、こうした地域ステークホルダーが共通の目標や課題のもとで交流して共感と共鳴を得て連携することにある。彼らが協業することで地域協働が展開されて、そこでの所産は地域共創につながるのである。地域水産業を教材にした「ぎょしょく教育」の場合、新たな地域共創として2つの機能が指摘できる。それらは、地域そのものを理解できるという機能、さらに、園児、児童生徒の情操教育という機能である。したがって、地域水産業における食育共創の方向性は、より効率的にそれを推進するために、地域協働をもとにして更に質的な向上と面的な拡がりを確保することにあると言えよう。

謝辞

　「ぎょしょく教育」の実践は、これまで、愛南町ぎょしょく普及推進協議会、愛南漁協、久良漁協、愛南町役場（水産課、教育委員会、学校給食センターなど）、町内の幼稚園・保育所、小・中学校、愛媛大学南予水産研究センター、そして、県外では、関東給食会、東京都庁（水産課）、東京都内の小学校など様々なステークホルダーのご支援とご協力を得ました。この場を借りて厚く御礼を申し上げます。また、今回の執筆に関しては、愛南漁協、久良漁協、㈱安高水産、愛南町役場、愛南町立城辺小学校、松山市立清水小学校、㈱愛媛CATVなどの関係各位にお世話になりました。深謝いたします。

注

1) 「ぎょしょく教育」に関する代表的な著作は若林（2008）であり、最近の分析
としては若林・阿部（2018）や若林（2019）などがある。なお、「ぎょしょく
教育」の地域的な意義については若林（2019）で明解に分析している。また、
若林・阿部（2018）では、これまでの「ぎょしょく教育」に関する論考、解
説などを取りまとめた文献目録を掲載しているので、参照されたい。
2) 就学前の子供たちを対象とする「ぎょしょく教育」に関する最近の分析とし
ては、若林・阿部（2018）がある。
3) これは、2010年度総務省「情報通信技術人材育成・活用事業交付金」をもとに、
愛南町、愛南漁協・久良漁協、愛媛大学が協働で「愛南町次世代型水産業振
興ネットワークシステム」を構築した。このシステムは3つのコンテンツで
構成され、それらの一つが「ピアザ愛南ぎょしょく」である。なお、筆者（若
林）は、イタリア語の「広場」を意味するピアザを冠することで、「ぎょしょ
く教育」を広くアピールして様々な交流の拠点となることを期待して命名した。

文献

若林良和編（2008）：ぎょしょく教育　愛媛県愛南町発水産版食育の実践と提言、
筑波書房
若林良和・阿部覚（2018）：「ぎょしょく教育」活動の軌跡と新展開—水産分野に
おける就学前食育の検討、水産振興、612：52（12）東京水産振興会
若林良和（2019）：地域水産物を利用した「ぎょしょく教育」のコンテンツと地域
的意義—「愛南ぎょレンジャー」をもとにした検討—、若林良和・市川虎彦編
集代表　愛媛学を拓く、創風社出版

第2章

地域農産物と食育推進
―行政と農協による取組の視点から―

間々田　理彦

1．はじめに

　「食」には様々な産業が関与する。農林水産業（生産者）、食品加工業、輸送業、卸売業、小売業（いわゆるスーパー等）、飲食業といった生産から消費までの流れに直接携わる業種もあれば、それらに関連する機械等を製造する製造業のように間接的に食を支える業種もある。また、近年ではインターネットを通じた販売等も活発化していることから情報産業も間接的に「食」を支える業種の一つであろう。

　それらのいわゆる産業（民間企業）以外にも、県・市町村といった行政や、農業協同組合（農協：JA）や漁協協同組合（漁協：JF）等の各種団体といった社会の仕組みを支える組織が「食」に強く関連することは多い。しかしながら、普段生活するうえではなかなかそのような組織による地域への「食」へのかかわりが住民に意識されることは少ないように思える。このことを言い換えれば、それぞれの組織は常日頃から「食」を中心に地域と協働しており、また市民との協働も日常的に行われているのであるが、無意識の中に溶け込んでしまっているような気もする。

　筆者は農学部に勤めるものとして、調査等を通じてそのような組織や各種団体、関係部署等と接する機会は多く、また学術雑誌に掲載されている論文や報告を通じて「食育」に関連する情報に接する機会も多い立場にあると思う。それであってもなお、行政や各種団体と「食育」との関連はまだまだ知らないことばかりであると感じる。そのため、皆さんにとってはなおさらで

はないかと思われる。

　一方で、食の根本を担う農産物を生産する産業は「農業」である。農業の形態は様々であるが、いずれも食と結びつくことには変わりはない。したがって、農業は食育とも密接に関わることから、農業に視座を置くことで多角的視点から食育を俯瞰することができるとともに、それらを取り巻く多様なプレイヤーによる食育における協働のあり方も見て取ることができる。

　そこで本章では、普段なかなか意識されることの少ない、あるいは無意識の中に溶け込んでしまっていると考えられる行政や農業協同組合（JA）の食育へのかかわりについて改めて捉え直してみたい。そのような意識の基で、ここでは、それらの組織が地域において協働して食育に取り組む「食育の共創」の中でどのように位置づけられるのか、地域で生産される農産物等という観点も含めて考えてみたいと思う。

　本章では、行政として市民と協働して「食育」の産業化を図る事例として福井県小浜市をとりあげる。また、農協については、農協が保育園事業に取り組み園児や保護者と協働して食育に取り組んでいる富山県氷見市の氷見農業協同組合（JA氷見市）を事例としてみていくこととする。

２．行政と農業協同組合（JA）が取り組む「食育」

（１）小浜市における「食育」と住民のかかわり[1]

１）小浜市における食育の展開

　福井県小浜市は南西部・嶺南地域に位置し、旧若狭の国に含まれる。古来より港として栄え、また畿央にも近いため、若狭国は古くから朝廷に穀物以外の副食物である海産物等を納めた歴史を持ち、海産物を中心とした食材が豊富な地域であった。このように平安時代に特殊な食材を朝廷に納めていた国のことを「御食国」といい、若狭国、志摩国、淡路国がこれに当たるとされる。また、小浜は北前船の経由地として港が栄え、全国の食材が往来するだけでなく、それと共に多様な文化に触れることのできる地域であった。江

33

戸時代には鯖の水揚げが多くなり、塩でしめた鯖を京都へ運んだ道は「鯖街道」として知られる。

　そのような歴史的背景の下で小浜市が「食のまちづくり」の端を発したのは、2000年当時の市長のトップダウンによるものであった。その後、2003年9月に「食のまちづくり条例」が制定された。この「食のまちづくり条例」では、市（行政）、市民、事業者の協働による食のまちづくり推進が明記され、「食のまちづくり」をめざして市民協働や市民参画を重視している姿勢が明確に打ち出されている。また、この条例を基に市内全12区（小浜市は1地区1小中学校1公民館）に市民が参加して食のまちづくりに関する将来構想を考えるための委員会が設置された。この委員会は、市民の提案の実現可能性を考えるため、年間50万円の公費（計3カ年）と市職員のサポート体制が整えられた。

　小浜市の食育政策は、役所内の11の部署が関わり、担当課である「食のまちづくり推進課」が各部署から出された意見や提案等を取りまとめ、食育推進関連の方向性の検討・調整を担っている。庁内検討会議では年数回、課題の洗い出しを行い、課長会等も有効な会議の場となっているとしている。

　小浜市の目指す向性として、「食で人を呼び込む」と「地消地産による地域内経済の循環」があり、「食のまちづくり」を通じて農林水産業の活性化や飲食業、観光業を含めた地域経済活性化への波及効果を見込んでいる。

　2）御食国食文化館

　ここでは、「食のまちづくり」による中心的な施設として2003年に開館した御食国食文化館について述べる。小浜市の食育政策の中心的役割を担っている小浜市食のまちづくり推進課が管理を担当している施設で、御食国食文化館は小浜市の食に関する歴史・文化等の全ての知識を得ることを目的として設置された施設である。館内2015年に大幅にリニュ

写真1　御食国食文化館（筆者撮影）

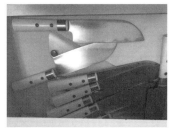

写真 2　オープンキッチンスタジオと子供用包丁（筆者撮影）

ーアルされ、館内は、展示スペース、特産物である塗り箸体験等のスペース、キッチンスタジオ（**写真 2 参照**）、土産物スペース、温浴施設（有料）等からなる。現在の年間来場者数は約21万人で、近年は箸造り体験を目的とした外国人観光客の姿も目立つ。

　御食国食文化館には学芸員が常駐しているが、博物館法で位置づけられた「博物館」ではなく「博物館類似施設」の位置づけであるため企画や運営の面において自由度が高い。

　小浜市では各年代にあった食育事業が行われており、この御食国食文化館では、キッチンスタジオを活用して、

＊2～3歳の市内の子どもが対象としたベビーキッチン

＊義務食育として、4～5歳の時に 1 回必ずキッチンスタジオで調理体験をするキッズキッチン

＊小学校 5～6 年生の時に 1 回必ずキッチンスタジオで調理体験をするジュニアキッチン

が行われる。

　ベビーキッチンでは、子供用の包丁を使用して魚を捌く体験が行われ、キッズキッチンでは小学校 5 ～ 6 年生の内容が扱われる。ジュニアキッチンでは郷土色を中心とした内容となる。

　また、関連事項として、高校生には小浜高校運動部所属者対象として、出前授業によるスポーツ栄養学講座を実施している。これは、年代的に「体験」だけでは限界があるとし、理論による説明をすることで高校生の興味・関心を惹くための授業である。大学生ついては、市内にキャンパスを構える福井県立大学の学生を対象に必修での地場料理の調理や栄養分析等を行っている。

　御食国食文化館では、施設の運営を助けるために 3 つの市民グループがあり、市（行政）と市民の協働による「食のまちづくり」を具現化しているといえよう。一つ目は、「グループマーメイド」で、市内の食生活改善推進員（食改）160名中50名が参加している。このグループはキッチンスタジオの運営委託を受け、主にキッチンスタジオで実施されるイベント運営を担当する。二つ目は、「キッズサポーター」でベビーキッチンやキッズキッチン、ジュニアキッチン等の食育事業のサポートをしている。構成員数は25名程度で事業を受ける子どもの母親世代が担っている。三つ目は、「架け橋サポーター」で食文化館のしつらえ（行事に関する飾り付け）を担当している。構成員数は約10名で、グループマーメイドやキッズサポーターと異なりボランティアで活動している。

3）小浜市の食育と地域農産物の関連

　小浜市では全小中学校で自校方式での給食を採用している。そこでは地元で生産された農産物が活用されている。この取組は市内のある中学校に赴任した校長の発案によって始まり、2002年に教育委員会が立ち上げた「御食国若狭おばま食の教育推進事業」として市内全小中学校へ広まったものである。学校給食における地産地消の取組を受けて、2008年に学校給食法の改正において、学校給食での食育推進においては地場産物の活用に努めるとされたがそれよりもかなり早い動きであったことがわかる。

　地区ごとに生産される農産物は異なるが、今では地区の農家が主体となって行われており、各地区で生産されたものを地区で消費する地消地産の概念が浸透している取組であると評価できる。また、児童による生産者の似顔絵作成や、交流給食を通して農家と児童・生徒が交流することにより、農家のやり甲斐と子ども達の感謝の心を醸成する機会も設けられている。

　これらの結果、食材の提供という単なるフードシステムで終わらないことの重要性と高齢農家の「生きがい」を生み出す地域の福祉的効果が認められる重要な取組あると考えられた。また、農家側も地域の「児童」や「生徒」というもっとも身近な消費者という存在があることで生産意欲が高まっているとの声も聞かれた。

　このような活動は生産者と地域の子ども達の関係は、地域の農業の活性化や地場農産物への理解を深める協働的な活動といえ、さらにそれを市の広報誌でも紹介することで「みえる化」を進み、その結果として市民の理解や活動内容の情報共有が可能になり、より効果的な取組が一層進むことが期待される。

　4）小活

　本項では食育先進地域として福井県小浜市における「食のまちづくり」をみてきた。これについて、図1にまとめた。

　図1をみると、「食のまちづくり」に関するそれぞれの機関の役割が明確であることがわかる。また、小・中学校を中心に矢印が相互に延びていることからも、十分な協働関係にあることがみてとれる。

　小浜市では、小浜市の持つ「食の価値」に対する意識が行政関係者や農家にしっかりと浸透していることを強く感じた。また、市民においても「食の価値」の重要性は認識されており、御食国食文化館における市民グループやボランティアによる活動は、その意識が顕在化した特徴的な一つの事例であろう。もちろんそのような活動には協働の概念が根底あるがこのような市民レベルの活動が実践されることで、小浜市が持つ「食の価値」をさらに発展させることができるのではないかと思われる。

図1　小浜市の食育関連の位置づけや役割（筆者作成）

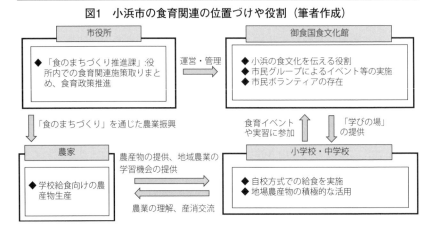

　小浜の持つ「食の価値」の再提示する御食国食文化館の存在を生かし、市民、政策担当者と生産者が強い意識を持って取り組むことで、消費者となる子どもへの意識の浸透もより効果的になることが考えられる。

（2）氷見市農業協同組合（JA氷見市）における保育園事業を通じた「食育」の実践

1）JA氷見市の概要

　JA氷見市は富山県氷見市を管内とするJAで1961年1月1日に設立された。事業所は本所・支所が22か所、支店が1か所、給油所が4か所、いこいの家（デイサービス）、結の里（ショートステイ・デイサービス）、JAグリーンひみ（営農・園芸資材店舗）、創作工房ひみで構成されている。2019年末の職員数は331人、組合員数は10,644人（正組合員：5,513人、准組合員：5,131人）である。JA氷見市の管内となる氷見市は1954年に氷見郡内の町村合併により成立し、JA氷見市は合併前の旧町村すべてに支所がある。全国的なJAの支所統廃合の動きに反して支所を残すことで、地域に密着した事業展開が行なえるようにしている。そのため、地域住民にとって、JAは暮らしに身近な存在となっている。

　JA氷見市の基本方針は、第一に「農業、集落、くらし、福祉、地域の維

持・振興」、第二に「コンプライアンス態勢強化」を経営の基本に据えており、高齢化が進む地方における農協の存在意義を高める意図が垣間見える。

　JA氷見市の事業としては他地域のJAと同様に、貯金業務、貸出業務、為替業務、その他サービスなどいわゆる銀行業務を行う信用事業をはじめとして、共済事業、経済事業（購買事業、販売事業、指導事業）を行っている。

　その他の事業として、福祉事業、観光事業、簡易郵便局事業がある。福祉事業では、居宅介護事業としてケアマネージャーによる相談やケアプランに作成をはじめ、ショートステイ・デイサービス・ホームヘルパーの4種の介護サービスを提供している。また、社会福祉活動として、高齢者助け合い組織「結の会」の協力で、ミニデイサービスの開催と地域健康活動を実施している。地域貢献・食育の啓蒙を目的として、社会福祉法人ジェイエイ氷見みどり会による「みどり保育園」、「上庄保育園」の運営も行っている。

　JAがデイサービスや訪問介護を福祉事業として取り組んでいる例は全国的に見られる傾向であろう。特に農協との関わりが強い地方部においては高齢化が進んでおり、それらの施設ではその受け皿としての重要な役割も担う。しかしながら、地域のこれからを担う若年層を支援する保育園事業に直接的に取り組んでいる例はほとんどみられない。一方、近年のJAの動きとして、山口県宇部市のJA山口宇部（間々田（2016））や岩手県紫波町におけるJAいわて中央（都築（2009））のように地域農業の一翼を担う農協が、地域の食を支える食育活動に取り組んでいる事例も増えてきており、本項で述べるJA氷見市の保育園事業においてもその取組がなされている。

2）保育所運営へのJA氷見市の関与

　社会福祉法人ジェイエイ氷見みどり会の理事長はJA氷見市の副理事長であるが、運営の実務は社会福祉法人ジェイエイ氷見みどり会の理事を務めているJA氷見市の常勤理事が担っている。

　JA氷見市が社会福祉法人ジェイエイみどり会を通して保育事業を行う根本的な理由として、「今まで地域、地域の産業を支えてきた組合員はJAが支えるべきであり、組合員の子どもや孫を守るのはJAの役目である」という

意識があるためとしている。また、「地域に根付いている産業の維持・発展のためにも児童福祉は必要である」という意識も、保育事業を行う一つの理由となっている。JA氷見市の福祉事業のテーマは「赤ちゃんから高齢者まで、全ての人がありのままの自分を生かし、生きがいを持って生活する事を支える。」であり、地域福祉の核として真に求められている福祉サービスの提供を、保育所を運営することで実践している。JA氷見市関連の社会福祉法人が運営している保育園は2つあるが、ここではそのうちの一つである「みどり保育園」を事例として論を進める。みどり保育園の施設の概要は**表1**の通りで定員は120名である。

表1　みどり保育園の施設概要

敷地：3,891 ㎡　延床面積：99,800 ㎡					
区分	室数	平面積	区分	室数	平面積
保育室	5	210.04 ㎡	ランチルーム	1	36.72 ㎡
遊戯室	1	168.60 ㎡	子育て支援室	1	61.80 ㎡
乳児室	1	26.55 ㎡	一時保育室	1	41.52 ㎡
ほふく室	1	46.90 ㎡	その他		244.25 ㎡
事務室	1	46.15 ㎡	小計		998.00 ㎡
調理室	1	41.34 ㎡	ポンプ室		5.16 ㎡
医務室	1	12.25 ㎡	屋外遊戯場		1494.80 ㎡
休憩室	1	6.02 ㎡	その他の敷地		1393.04 ㎡
便所	7	52.85 ㎡	合計		3891.00 ㎡

出所：みどり保育園パンフレット

3）みどり保育園の運営の実態と食育への取組

　みどり保育園は保育理念を「子どもが輝くまち氷見を目指します」、キャッチフレーズを「そよぐ風・みどりの大地・輝く子」としており、家庭・地域のぬくもりの中で豊かな心を持った子どもを育てること、遊びや自然の中で、一人の人間として生きていく力を育てることを目標に掲げている。

　保育方針は「共育・遊育・食育」の3つの方針を設定している。まず、共育とは子どもの育ちや保護者の子育てを支えると共に、地域の人々や、関係

機関と連携し、子育てに携わることで、地域の子育て家庭を支えるということである。次に、遊育とは遊びや自然の中で子ども相互の楽しい仲間づくりを支え、たくましい心と体、郷土を愛する心、そして豊かな言語力と優しい心を育むということである。最後に、食育とは食農活動を通して食への関心を高め、自然の恵みに感謝の気持ちを持って食事することや、保育園給食を通して、望ましい食習慣・生活習慣を養うということである。

　みどり保育園は保育方針として食育や共育を掲げており、児童への食農教育や、地域との関わりを持つイベントなどに積極的に取り組んでいる。食育に関する年間計画として、毎年、児童の年齢ごとに食育に関するねらい、体験内容などを計画している。また食農活動、家庭との連携、給食担当者の指導などの目標・計画も立てている。献立については市が作成したものに準じており、保育園独自のものでは無いものの、職員と調理師の間で月に1回ミーティングを行い、その中で、子どもたちが季節感を感じる事ができるよう旬の食材を使ったり子ども自身が栽培・収穫した食材を計画的・積極的に取り入れたりなど工夫を行っている。

　なお、3歳以上の児童の主食のお米に関してはA氷見市からの寄付金を用いて、市が氷見市内のすべての保育園にお米と氷見牛を提供している。

　みどり保育園における食育に関する活動として、下記のような活動がある。

＊野菜栽培活動

　施設の一画に畑があり、季節ごとの野菜の栽培を行っており、JA氷見市布勢支所の営農指導員と地域のボランティアが栽培に関する指導を行っている。（写真3参照）この畑は室内から野菜が成長する姿が見えることから園児にとっても身近な存在となっており、キュウリやピーマンを生で食べたり、収穫した野菜の絵を書いたり、野菜や食が児童にとって「日常」の一コマとなる保育環境になっている。また、水田も所有しており、

写真3　みどり保育園の畑（筆者撮影）

泥んこ遊び、田植え、稲刈りなども行なっている。この水田の利用について
は、老人とのふれあい会や田んぼで育てた米を使った餅つき大会で、地域の
高齢者などと三世代交流を行っている。

＊クッキング活動

　月1回以上行い、年長児を中心におやつ作りや給食のご馳走づくりをする。
児童が自分たちで育て、収穫した旬の野菜
を用いて、料理を楽しむという企画である。

＊食に身近に触れる取組

　野菜栽培活動やクッキング活動以外にも
保育所内にあるランチルームには、給食が
できるまでの過程や、三大栄養素の分類コ
ーナーなど、児童が普段の食事により一層
興味・関心を覚え、知識を深める事ができ
るような取組がされている。（**写真4、5、
6**参照）

写真4　ランチルームの一画にある
　　　　三大栄養素分類コーナー
　　　　（筆者撮影）

＊家庭との連携

　園だよりに食事に関する情報の提供をし
たり、親子試食会や親子クッキングに参加
してもらい、日ごろの食事について認識を
深めたりすることで、子どもの生活・食事
の状況の共有や、保護者に対する食育も行
い、食育活動の効果を高めている。

写真5　食育に関する紹介パネル
　　　　（筆者撮影）

＊JA氷見市との連携

　前述したように、みどり保育園の食育に
おけるJA氷見市との関わりについては、
主食用の米の提供以外に野菜栽培に関する
指導を、JA氷見市布勢支所の営農指導員
が行なっている。

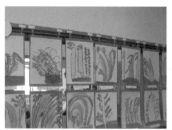

写真6　園児による稲の絵
　　　　（筆者撮影）

4）保護者の評価

　ここで、保護者のみどり保育園に関する評価について述べる。本調査は2015年に実施されたものである。配付数は93通、回答数は83通である[2]。

　まず、みどり保育園を選択した理由に関する回答結果を見てみる（複数回答可）。その回答結果として最も多かったのは「家が近い（65名）」であった。他にも「校区内（12名）」、「実家から近い（6名）」など、通園のしやすさを重視した回答が多く見られた。

　また、「保育環境（8名）」、「多様な保育（5名）」「保育方針（4名）」など保育の内容を重視した回答が次に多く見られた。「多様な保育」については、延長保育、早朝保育、土曜全日保育があるからという回答が見られた。「食育に魅力（5名）」という回答もあり、食農教育に力を入れているみどり保育園の特色が重視されている面もあるようだ。

　続いて、食育プログラムや給食に関する満足度をみてみる。

　「食育プログラム」と「給食」の項目に関しては、「満足」の回答が90%を超えており、食農教育に特化した保育や、給食への工夫、JA氷見市の寄付によりお米が提供されていることなどといった点が、この回答率につながっているのではと考えられる。

　アンケート調査を通して、みどり保育園は特に、充実した食農教育や地域との連携が評価されているようであった。総じて保育内容への満足度は高く、自由回答も含めJA氷見市が社会福祉法人を通して保育所運営に携わることに関しては批判的な意見は無く、食農教育や地域貢献の点から肯定的であった。

　JA氷見市が保育所運営に参入する動機は、地域に求められている福祉サービスに取り組む、地域の方や組合員の子どもや孫を守ることで地域に貢献するというものであった。食農教育を重視した保育に対する関心は高まっており、それらの面で「組織的に」食育をサポートできる点に強みのあるJAが保育所運営に参入することは、地域に根差した活動として地域貢献の面から評価する意見が得られた。以上から、JA氷見市が保育所運営を行う動機と保護者の評価やニーズはうまくマッチングしているといえる。

5）小活

本項では全国的にも珍しいJAによる保育園事業を事例として、地域（保護者）と保育園、農家、農協が協働して実施する食育への取組についてみてきた。本項での取組をまとめたのが**図2**である。

みどり保育園の課題として、今後の児童数の減少を見据え、どう保育園を維持していくかが挙げられる。JAとしては、今後10年は保育園を維持していきたいという事であるが、将来的に規模縮小は免れないのではないかと考えている。少子化が進み、地域の子どもの数は減少傾向であるが、将来的には今と同じ規模で、維持していきたいと考えているそうである。

そのような将来的に少々厳しい見通しではあるものの、保育園での食育や農業活動の様子は保育園便りを通じて保護者にも紹介されており、食育への取組も保護者による評価の一端を担っていると思われることから今後も継続的な取組が望まれる。このような食育の取組の価値をさらに向上させるためにも、例えば、保護者への食育による教育的効果の波及を狙って、農協側が地域の農業や食材に関する講義を行ったり園便りに寄稿したりすることも一案として考えられる。また、このことは農協側としても地域との協働の機会が増えることにつながり、地域貢献の一環として社会的意義が高いものとい

図2　JA氷見市の事例における各機関の役割（筆者作成）

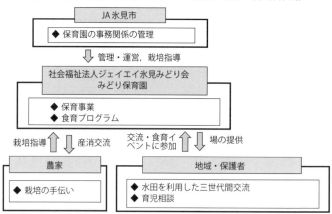

える。

　JAはかねてより地域の農業を下支えする組織であった。いいかえればそ
れは地域の食を支える役割を担っていることになる。保育園事業への参入は
地域性や各JAの事情もありどのJAでもできる取組ではないかもしれないが、
間々田（2016）でみられるような農業の専門性を活かした食育への参画や他
機関との協働は今後も重要な取組といえよう。保育園という地域の将来を担
う「子どもたちを育成する場での食」の価値の向上とそれらの取組に期待す
る保護者の存在が農協の行動の後押しにつながるとも考えられることから、
今後も保護者の期待に応えられるような保育園を中心とした協働のあり方が
重要であると考えられる。

3．おわりに

　本章では行政を中心とした食育への取組とJAの保育園事業を中心とした
食育への取組についてみてきた。
　行政を中心とした取組では「食のまちづくり」を目指し条例を制定した福
井県小浜市を事例にみてきた。小浜市では市が推進する食育政策を御食国食
文化館という市の施設を通じて市民や児童・生徒に広めており、その運営に
も市民が大きく関わっている点に市と市民との協働している展開がみてとれ
た。もっとも、御食国食文化館の設置自体が市民からの発案が基になってい
ることからも、市と市民の共創的な食育推進の一つのシンボルとして捉えら
れよう。また、学校段階においては、給食での地場農産物の積極的な利用を
通じて、学校と農家の協働的な取組として位置づけることができる。このよ
うに小浜では多様な機関が協働して食育に取り組むことで非常に高い相乗効
果が得られているのではないかと考えられる。
　JAの保育園事業を中心とした食育への取組については富山県氷見市を管
内とするJA氷見市のみどり保育園を事例にみてきた。いうまでもなくJAは
地域の農業を支える機関であることから、「農」に関する専門機関でもある。

その特性を活かし、JA自体が食育に取り組む例や他の機関と食育で連携する例はみられるものの、前述したようにJA氷見市のようなJAが直接保育園事業に取り組み、そこでJAの強みである食育に関与する事例はまだほとんどみられない。いわば農の専門家による食育が保育事業の中で日常的かつ密接に連携が取れる中で実施されることは、食育と保育の協働による相乗効果の面において多大な好影響が得られるといえよう。今後は、このような保育園段階での食育の流れが発展性を持ち、小学校や中学校といった教育機関とJA氷見市との連携、ひいては「共創」の場につながることを期待したい。

　以上、本章では、行政と農協という普段の生活ではどのように「食育」に関わっているかよく知られていないと思われる機関を対象として、それぞれの機関が関わっている食育の特徴的な事例についてみてきた。

　食に強く関連する「農産物」は全国一律で同じものが収穫できるわけではないので、それぞれの地域の独自性が強く発揮される。つまり、「農」の観点からみると、食育は全国一律である必要性はまったくなく、地域農産物や食文化を大切にする姿勢が重要であるといえる。一方で「食」や「農」に関わる課題も地域ごとに異なる。これらの課題は地域経済にも強く影響し、ひいては、地域の持続的発展にも関連する重要な課題である。本章の事例でみられるような地域食の継承や地元農産物を給食に利用するといったことは、このような課題を身近な問題として考えられるような郷土愛や地域アイデンティティーの醸成機能が食育に期待されている証左であろう。

　だからこそ地域の「食」や「農」のことをよく知る行政や農協（あるいは漁協）の食育への関わりについては、住民をはじめとする地域の多様なステークホルダーとの共創への意識が重要である「食育の継続性」を念頭に考えると、その認識を今一度深める必要があるのではないだろうか。

謝辞

　本稿の執筆にあたり、小浜市企画部食のまちづくり課・御食国若狭おばま食文化館館長　中田典子氏、JA氷見市理事兼管理部長　南勇樹氏、JA氷見

市社会福祉課課長　柿谷輝夫氏には大変お世話になりました。記して感謝の意を表します。（肩書き等はいずれもヒアリング調査時）

注
1）本項の小浜市の事例は平成30年度愛媛県愛南町受諾事業「愛南町「食育施策評価システム」構築プロジェクト」の成果の一部である。
2）本アンケート調査の詳細については間々田・木原・松岡（2018）を参照のこと。

文献
間々田理彦（2016）：Ⅶ．宇部フロンティア大学短期大学部と山口宇部農協の連携による福祉関連事業の改善地域振興における大学と農協との連携に関する調査（農林中金総合研究所総研レポート）、53-59
都築真由美（2009）：生活環境・慣習を踏まえた食や農に関する児童の意識の定量的分析：岩手県紫波郡紫波町を事例として、農村生活研究52（2）、22-30
間々田理彦・木原唯・松岡淳（2018）：農業協同組合による保育所運営参入に関する考察―富山県氷見市農協を事例として―、協同組合研究38（2）、53-5

第3章

地域食材とえひめ食育プラットフォーム
―地域共創型6次産業による食育の実践に向けて―

三宅　和彦

1．はじめに

　筆者が勤務する愛媛銀行では、地域資源である地元食材を活用して加工や販売を行う、いわゆる6次産業化の取組について、独自に立ち上げたファンドを通じ、積極的な支援を行っている。筆者は2010年12月に、「地域資源を活用した農林漁業者などによる新事業の創出など及び地域の農林水産物の利用促進に関する法律」いわゆる6次産業化法が成立されたのを契機に、6次産業化に取り組む経営者に関心をもち、6次産業化の研究を継続している[1]。

　農山漁村を6次産業化で活性化し、生産者の所得向上と雇用を確保していくことを目的に、官民挙げての取組が始まって10年が経ち、その動きは全国的展開をみせたが、新型コロナウィル感染症の拡大によって、首都圏を中心に、地場産農産物や加工品の販路が大幅に縮小、6次産業化の動きは停滞している。

　そうしたなか、6次産業化を地元の食育プログラムに取り入れ、地域主体のフードシステムとして、もう一度見直す動きが出始めた。これまでの食育推進基本計画の中では、食育の総合的な促進に関して取り組むべき施策の一つとして、地産地消の推進が位置づけられている。文部科学省は、食育の推進として、栄養教諭を中心に、学校を核として、地域食材の生産者、農協、NPO団体等の関係機関と共創しながら、より実践的な食育を行う「つながる食育推進事業」を2017年度から実施し、6次産業化の手法を取り入れなが

48

図1　6次産業化のサプライバリューチェーン（出典：農林水産省食料産業局）

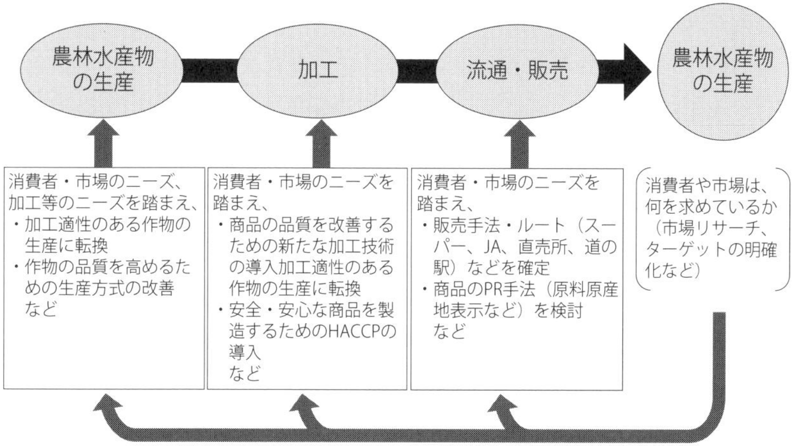

ら、地域共創による地場産農産物の学校給食への活用が行われている。

　さらに、現在、第4次食育推進基本計画に向けた討議が重ねられているが、その重点課題の考え方として、持続可能な食の環・輪・和の「3つのわ」を支える食育の推進が掲げられている。なかでも、食料の生産から消費に至る食の循環を意識するとともに、食の循環を担う多様な主体の「食の輪（つながり）」を広げ深めようとする食育の取組は、**図1**のように、6次産業化のサプライバリューチェーンにおける活動そのものを理解することで、より深化したものになるだろう。6次産業化の意義は、単なる経済的活動にとどまらず、地域における「食育の輪」となって、地場産農産物を地域で支えていこうとする機運とともに、共存共栄の地域コミュニティの創出といった、社会的活動の側面にまで、その意義を拡大できると考える。

　大手食品メーカーによるフードシステムは、単独世帯や共働き世帯の増加にともない、その利便性向上とともに、料理をしないことや孤食を意図せずもたらした。これに対し、地域共創による6次産業化を活用したフードシステムは、地域密着のサプライバリューチェーンによって、人々のつながりを積極的につくり、いわゆる「食育の輪」を地域で共有していくことで、食の価値共創につながっていくものと考える。

　本稿では、地場産農林水産物のサプライバリューチェーンにおける、多様な分野の人々との共創を通じた6次産業化と地域に密着した食育実践を考察し、「食育の輪」につながる持続可能なえひめ食育プラットフォーム構築について考えたい。

2．持続可能な「食の輪（つながり）」を支える食育の推進

　文部科学省は、前述のとおり、学校を核として、「つながる食育推進事業」を実施している。本事業では、まずモデル校の課題を把握し、家庭や地域との連携を事業のキーワードとして取組内容を検討し、取組においては体験するだけではなく、いかに学びに結び付けていくか、①朝食摂取②栄養バランスを考えた食事③食事マナー④地域との連携といった、それぞれの課題解決のため、栄養教諭を中核とした全校体制を構築することで、校内で食育を推進する気運醸成を行おうとしている。

　ここでは、本事業の報告事例をもとに、特に地域との連携課題に着目し、「食の輪」を広げ深める持続可能な食育の推進に取り組むべき課題について考察したい。本事業におけるモデル校の取り組みには、栄養教諭を中心として、学校と家庭や地域等とが連携を図り、「つながる食育」を推進していくため、地域生産者や食に関わる人々と子供が交流する機会を作るケースが多くみられている。例えば、地域の生産者や食品加工業者、飲食店などの協力を得て、給食で使われている地元産食材についての講話や収穫・加工・調理体験などを行っており、これらの学校では、学校給食を「生きた教材」として活用し、子供の食に関する意識の高まりがみられていた。

　第3次食育推進基本計画において、学校給食における地場産物の使用割合を増やすことを目標に掲げている。地場産物を学校給食に活用し、食に関する指導教材として用いることで、子供がより身近に、実感を持って地域の食や食文化等について理解を深め、食料の生産、流通に関わる人々に対する感謝の気持ちを抱く。さらに、地域の生産者等の学校給食を始めとする学校教

表 1　学校における食育の推進を図る上で、特に栄養教諭に期待される役割

		全体	割合
回答件数（N）		13	100.0%
役割	専門的な知識を生かした学習内容の提案や指導	4	30.8%
	栄養教諭を中心とした学校での指導体制づくり	3	23.1%
	学校・家庭・地域の連携を図るコーディネーター	2	15.4%
	他の教職員への働きかけや連携	2	15.4%
	給食の献立内容の充実や食育の教材としての活用	2	15.4%
	他校や校種間の連携・関連性の強化	2	15.4%
	家庭や地域への働きかけや連携	2	15.4%
	個別の相談指導の実施	1	7.7%
	給食を作る側と学校現場をつなぐパイプ役	1	7.7%
	地域の専門家との連携や活用	1	7.7%

＊複数回答のため各個数の総和は 13 にならない
（資料：平成 30 年度「つながる食育推進事業」に関する調査研究報告書）

育に対する理解が深まる効果を得られる。したがって、この目標には、学校と地域との連携・協力関係を構築するねらいがある。

　そうした目標を実現するために、特に栄養教諭に求められる役割として、**表 1**にあるとおり、「学校・家庭・地域の連携を図るコーディネーター」、「家庭や地域への働きかけや連携」、「給食を作る側と学校現場をつなぐパイプ役」、「地域の専門家との連携や活用」といった、総じて、橋渡しもしくは地域との接着剤的な役割があげている。

　「平成29年度愛媛県学校給食地域食文化継承モデル事業」における福井県越前町の先進地視察報告書では、「生産者と給食センターの間で、地場産物の活用についての助言や指導をしてくれる人材（農産物直売所の店長、元農業指導員）に恵まれ、円滑な運営がなされていた。地場産物の活用促進のためには、生産者と給食センターとの橋渡しができるキーマンとなる人材の重要性を強く感じた。キーマンの存在により、生産者は献立に合わせて作物を生産することが可能となり、栄養士は生産物に合わせて献立を立てることもできるという 2 つのメリットが生まれ、効果的な地産地消が推進されていた』と橋渡しとなるキーマンの重要性が指摘されている。

　これらのことから、食の輪を広げ深める食育の推進の重要テーマの一つと

図２　地域の食育理解度と栄養教諭の地域連携度との
　　　相関関係（筆者作成）

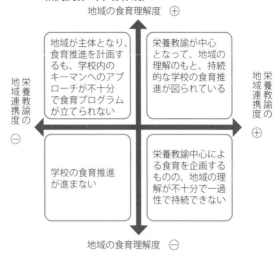

地域の食育理解度　⊕

| 栄養教諭の地域連携度　⊖ | 地域が主体となり、食育推進を計画するも、学校内のキーマンへのアプローチが不十分で食育プログラムが立てられない | 栄養教諭が中心となって、地域の理解のもと、持続的な学校の食育推進が図られている | 栄養教諭の地域連携度　⊕ |

学校の食育推進が進まない

栄養教諭中心による食育を企画するものの、地域の理解が不十分で一過性で持続できない

地域の食育理解度　⊖

しては、いかに栄養教諭自身が、食育の「地域連携コーディネーター」の役割を果たせるかどうかがあげられる。木村は、栄養教諭による連携に必要な能力として、コミュニケーション能力、発信能力等が挙げられ、これらの能力を高める機会も必要としている[2]。ただ、学校内において、栄養教諭の自助努力だけで個々の能力を高め、地域における食育の輪を広げることは、限界があると筆者は考える。

　地域の食育理解度と栄養教諭の地域連携度との相関関係を示したものが**図２**である。ここでいう、地域とは、生産者、加工者、販売業者、飲食業者、保護者、行政など食に関わる利害関係者を包含している。校内の食育のキーマンである栄養教諭の地域との関わり合い（地域連携）が深く、地域の食育への理解も深いところでは、例えば、地域の生産者に直接話を聞いたり、食材に実際に触れたり調理したりする体験や地元食材を用いたレシピの配布、地場産物を活用した講座および動画のウェブサイト発信などといった積極的な取組もスムーズに行われ、食の輪が広がり、持続的な食育活動が行われる可能性が高い。

　一方で、地域の理解度や栄養教諭の地域連携度のどちらも低いと、食育計画が不十分になったり、食育への取組が一過性になったりして、持続可能な食育の取組が行われる可能性が低くなるだろう。

　筆者は、栄養教諭が地域連携度を高めるためには、単独で取り組むのではなく、地域の食や生産・加工・供給といったサプラーチェーンマネジメントに精通した人材との共創が必要であると考える。さらに、地域の食育への理解を深めていくためには、地域における利害関係者とWIN-WINの関係となるよう、食育という社会的・教育的観点だけではなく、経済的な観点も考慮したうえで共創しなければ、持続性を保てないものと考える。

　地域の子供たちが、地元食材の活用に理解のある将来の消費者へと成長していくために、食を支える地域の利害関係者が、子供たちへの食育の重要性について、社会的意義はもちろん、経済的メリットも享受したうえで、賛同し共感できなければ、持続性のある共創ではなく、単なる一過性の共同事業で終わると思われる。

　以上のことから、栄養教諭の役割および地域連携を捉えると、地域連携による食育を実践している先進事例では、**図3**のとおり、程度の差はあれ、栄養教諭が自ら地域の関係者との連絡や調整などのコーディネーターとなり、子供たちや保護者を消費者とした、地元食材活用型の「ミニ6次産業化」ともいうべき、地域のサプライチェーンのマネジメントを行っていることに筆者は注目したい。

図3　6次産業化サプライバリューチェーンへの食育の働きかけ

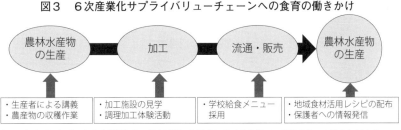

(2019年度「つながる食育事業報告書」地産地消・伝統食に関する取組での関係主体への働きかけより
筆者により改編)

　すなわち、6次産業化は、生産者自らが加工・流通を行い、消費者への販売をトータルで行うものであることから、6次産業化の経営者は、食料の生産から消費に至る食の循環を意識するとともに、食の循環を担う「食の輪」を広げ深める主体として、校内における食育を行う栄養教諭との共創パートナーとして適性があるのではないかと考える。次に、持続可能な食育の輪を支えるため、6次産業化経営者との共創モデルについて考察する。

3．地域共創型6次産業による食育実践

　栄養教諭の地域との連携レベルや地域における食育への理解度によって、食育レベルに、ばらつきが生じ、持続的な食育活動を妨げているのではないかとの問題提起を行ったが、図1のとおり、サプライチェーンを全体でマネジメントしている6次産業化の経営者との共創により、トータル食育コーディネートが可能になるのではないかと考える。

　6次産業経営者との共創による食育実践のイメージ図が図4である。6次産業化は、生産者自らが、地場農水産物に、付加価値をつけて販売していくビジネスモデルである。栄養教諭は、6次産業経営者とつながって共創すれば、ワンストップで、サプライチェーンごとの食育につながる効果的な企画提案を行うことが可能となる。

図4　6次産業経営者との共創による食育実践（筆者作成）

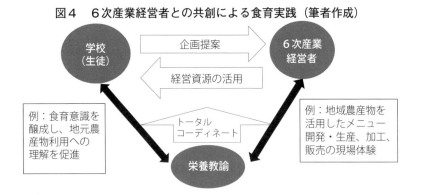

　６次産業経営者は、コロナ禍の影響もあり、販路拡大が喫緊の課題となっている。学校からの企画提案を受け、生産や加工のノウハウや商品・サービスを活用してもらうことで、販路拡大に寄与できる。さらに、生徒を通じて保護者にもその良さを理解してもらうことで消費者層を開拓し、間接的に自社商品の消費拡大にもつながるというメリットがある。また生徒は、地域食材を活用した商品・サービスに理解ある将来の消費者予備軍ともなりうる。栄養教諭は、学校と６次産業経営者との共創について、トータルコーディネーターとして、全体をマネジメントしていくこととなる。

　栄養教諭による６次産業経営者との共創のイメージについて、松山市梅津寺パークにおいて、事業を展開している「みきゃんパーク」を例にとると分かりやすい。みきゃんパークは、１階では、みかんジュースなど作業工程がみえる加工場、２階にはみかんを使ったカフェを備えるとともに、みかんの品種の特徴や歴史が学べる展示も充実しており、愛媛のみかんを知ってもらえる情報発信の場所である。

　みきゃんパークを経営するA社は、市内で50年以上前から、伊予柑を中心とした柑橘を栽培している農園を営む６次産業化経営体である。みきゃんパークを活用できれば、生産現場での伊予柑収穫体験、みきゃんパークでのジュースやゼリーへの加工現場の視察や試食がワンストップで行える。さらに、みかん品種の特徴や歴史を同時に学べ、トータルで食育を学ぶことが可能となる。

　６次産業経営者との共創について、真に共創といえるためには、一時的なものに終わらせるのではなく、６次産業経営者と持続的な関係性を構築して、より高度な食育を実践していくことが重要である。

　６次産業経営者と栄養教諭とWIN-WINになり、持続的な共創による食育を実践していくいための関係性を、**図５**に示した。縦軸に、学校、栄養教諭による食育高度化・持続化への熱意、横軸に６次産業経営者の経営力強化への期待度をおいている。

　学校や栄養教諭の熱意が高く、６次産業経営者にとっても、食育実践で販

図5　6次産業経営者と栄養教諭とのWIN-WIN関係（筆者作成）

路拡大や情報発信力の強化など、経営力強化に結び付いていることが実感していれば、双方が、WIN-WINの関係となり、持続可能な食育につながる。一方だけが、WINとなっても持続していくことは困難であろう。WIN-WINの関係を構築し続けるには、経済的な観点や6次産業経営者への負担を考えると、学校、栄養教諭、6次産業経営者だけで解決していくことはハードルが高いだろう。

4．持続可能なえひめ食育プラットフォーム構築

　食育実践の持続可能性を考慮すれば、さらなる地域共創が必要ではないかと考えた。地域連携をさらに推し進め、地域共創による持続可能な食育実践を行っていくために、えひめ食育プラットフォームの構築を提言したい。
　えひめ食育プラットフォーム構築のイメージは図6である。11の連携先との共創により、プラットフォームを構築し、持続可能な食育実践につなげていくことをイメージしている。
　まずは、国や地方自治体と連携していく必要がある。ただし、食育に関する事業を手掛けている省庁は、文部科学省、厚生労働省、農林水産省、内閣府、消費者庁、食品安全委員会と多岐に亘っており、どこと連携すればいい

図6　えひめ食育プラットフォームの構築（筆者作成）

のか判断に迷うことも考えられる。例えば、愛媛県の窓口である保健福祉部をワンストップの窓口として、国の支援等についての情報を集約するなどの方法も必要であろう。また、市町村との連携についても同様のことがいえる。

　次に、地域金融機関との連携をあげたい。地域金融機関の地方創生部門は、自治体とのパイプが太く、また地域のさまざまな団体とのつながりも深く持っている。そうしたネットワークを活用し、食育の幅を広げていくことを有用だと考える。JAについては、生産者とのつながりや販路において、側面的なサポート役として連携する。さらに、ネットワークの活用という意味で、愛媛6次産業化サポートセンターに所属する愛媛6次産業化プランナーや各自治体で公募している地域おこし協力隊との連携も有益と考える。

　6次産業化プランナーとは、6次産業化に取り組む農林漁業者の相談に応じてアドバイスを行うため、6次産業化サポートセンターに登録された専門家である。6次産業化サポートセンターは、6次産業化に取り組む農林漁業者等の相談窓口として設置されたもので、相談内容に的確に対応できる6次

産業化プランナーを派遣している。愛媛においては、その運営を公益財団法人えひめ産業振興財団が受託している。

　愛媛の６次産業化プランナーの活動分野の一覧が**表２**である。食育推進分野において、７名の６次産業化プランナーが対応可能となっている。また、地域の農林漁業者や地域のコミュニティとのつながりが深い者として、地域おこし協力隊の存在も大きい。地域おこし協力隊は、都市部から過疎地に移住して、地域ブランドや地場産品の開発・販売・PR等の地域おこし支援や、農林漁業への従事、住民支援などの地域協力活動を行いながら、その地域への定住・定着を図る目的で、各自治体の委嘱を受けた隊員のことである。例えば、伊予市双海地域担当の上田さんは、ミッションとして、地元食材を活用した食おこしによる地域活性化と食をキーワードにしたコミュニティ活動や名物料理による地域振興の支援を与えられ、双海町応援セット商品の開発や、オンラインツアーの企画など、大きな成果をあげている。

　さらに、食品ロスの削減の推進に関する法律が、2019年10月に施行されるなど、食品ロス対策が大きな社会問題として取り上げられている。食育に関する意識調査報告書（2020年３月）においても、食べ残しや食品の廃棄が発生していることについて、日頃から「もったいない」と回答した割合が95.7％、食べ残しを減らす努力をしていると回答した割合も94.5％に達し、意識の高さを示している。

　そうしたなか、フードバンクとの連携も必要と考える。フードバンクとは、安全に食べられるのにも関わらず、包装の破損や過剰在庫、印字ミスなどの理由で、流通に出すことができない食品を企業などから寄贈してもらい、必要としている施設や団体、困窮世帯に無償で提供する活動のことである。これは食品ロスの食育への取り込みで重要な役割を果たすものと考える。愛媛では、NPO法人eワーク愛媛＆えひめフードバンク愛顔、NPO法人フードバンクえひめが、フードバンク事業を活発に行っている。

　経済的な支援と連携先として、クラウドファンディングの取組も欠かせない。クラウドファンディングとは、事業者がインターネットで不特定多数か

58

表2　令和2年度　愛媛6次産業化プランナー活動分野一覧
（出典：愛媛県庁HPより筆者一部修正）

#	プランナー（イニシャル）	所属	住所	農林漁業者等への個別相談	農林漁業者等への経営診断	情報誌等への寄稿	テレビ・ラジオ出演	研修会や交流会での講師	イベントでの講演	地域活性化・地域おこし	事業マネージメント	生産効率・改善	農作業 種苗・肥料・飼料・農業	未利用資源活用	地産地消	産学官連携	異業種連携	食品の機能性	ブランド戦略	食品加工	食品製造の工程管理	食育の推進	観光・都市と農村の交流
																					活動内容／活動分野	
1	T.T	ルーツ	西条市	●											○				○			○	
2	N.K	(株)コイ・システム工房	松山市		○				○	●		●		○	○				●			○	●
3	F.T	オフィス ナチュレ	松山市		○			○									○		●				○
4	S.M	関原広告デザイン事務所	東温市	●			●												●			○	●
5	Y.K	アトリエやの・ベジフルキッチン	松山市	●		●			○	●	●	●		●	●	●	●	●	●	●	●	●	●
6	K.A	グリーン愛研企画	東温市	●		●		○	○	●						●	●	●	●	●		●	○
7	K.M	(一社)全日本国土協会愛媛県本部	四国中央市	●	○		○			●							●	●	●	○			●
8	I.H	(株)ミーティン・クラフト	西条市	●						○						●	●		●			●	●
9	T.M	(公財)愛媛産業振興財団ビジネススキャ　ポートオフィスマネージャー	松山市	●						●									●				●
10	K.T	(株)M.M.C	倉敷市	○	●									●									●
11	O.Y	IMコンサルタント	松山市				○	●	○	●					○		○			○			
12	O.H	(公財)愛媛産業振興財団農商工連携　ビジネスプロデューサー	松山市																●				
13	K.M	農業	高知市		○								○										
14	I.M	プランニング＆編集企画　マガジン・ラック	松山市	●		○	○	●							○	○			●	○		○	○
15	M.F	Mind Up	松山市	●												○			●				

注）「●」は特に強調したいもの、「○」は対応可能なもの

ら資金を調達する仕組みであり、融資型と購入型に大別できる。融資型は調達資金を投資し得られた利回りを支援者に配分するものである。2011年頃から活発化しているのが返礼として商品などを送る購入型だ。これを展開する大手3社は、キャンプファイヤー・マクアケ・レディーフォーである。クラウドファンディングは、企画力次第で短期間に資金を集められる可能性がある。最大手のキャンプファイヤーで大東市が食育のクラウドファンディングを行った事例である。（**写真1参照**）新型コロナで中断した食育イベントで使われる予定であったトマトを廃棄するのがもったいないと考え、長期保存が効くピューレ加工費の資金を調達しようと企画したものである。目標金額の15万円に届かなかったものの、10.5万円の資金を調達し、返礼品として、ピューレ加工品やピザのチケットを送っている。これは補助金に頼らない、自前での資金調達の手段であり、注目したい。

　その他、学校OBや保護者とも連携し、クラウドファンディングの出資者、6次産業経営体の商品の消費者としてのサポートを依頼することも考えられる。

　以上のことから、持続可能な食育を実践するために、栄養教諭・学校・6

写真1　大東市の食育クラウドファンディングの取組（出典：キャンプファイヤーHP）

次産業経営者を核に、関係する様々な連携先と共創し、食育プラットフォームを構築していくことが大事であると考える。

5．おわりに

　食育の取組は、食料の生産から消費に至る食の循環を意識して学ぶとともに、食の循環を担う多様な主体が食育に参加し、「食の輪（つながり）」を広げていくことで、その取組は深化する。「食の輪」を広げるために、具体的に筆者は、食の循環である、6次産業化のサプライバリューチェーンに、食育プラットフォームの考えを取り入れることが有益だと考えた。そして、地域における「食育の輪」が主体となって、地場産農産物を地域で支えていくことで、共存共栄の地域コミュニティによる共創をもたらすことできると考える。

　さらに、共創に参加する人たちの共通目標として、国連の国際開発目標である、SDGsの考えを取り入れることで、持続可能な食育の輪の形成に寄与するだろう。例えば、第4次食育推進基本計画作成に向けた主な論点（2020年度の第2回食育推進評価専門委員会）が公表され、そこで以下のことが述べられている。

　『「持続可能な開発のための2030アジェンダ」は、2015年9月の国連サミットで採択された国際開発目標である。相互に密接に関連した17の目標と169のターゲットから成る「SDGs（持続可能な開発目標）」を掲げ、「誰一人取り残さない」社会の実現を目指すものである。国内実施・国際協力の両面においてSDGsを推進していくために「SDGsアクションプラン2020」が策定され、「食育の推進」は、8つの優先課題の一つ「あらゆる人々が活躍する社会の実現」の中に位置付けられている。17の持続可能な目標のうち「No.3すべての人に健康と福祉を」「No.4　質の高い教育をみんなに」「No.12　つくる責任つかう責任」等の目標は、食育の推進によって貢献が可能であると考えられる。食育を推進することは、国民が生涯にわたって健全な心身を培う

ことに資するとともに、国民の食生活が自然の恩恵の上に成り立ち、食に関わる人々の様々な行動に支えられていることについて感謝の念や理解を深めることであり、持続可能な社会の実現に向けた重要な取組であることを意識しつつ推進していくことが重要である。また、SDGsが経済、社会、環境の三側面を含んでいること及びこれらの相互関連性・相乗効果を重視しつつ、統合的解決の視点を持って取組むこととされていることにも留意し、例えば健全な食生活の実践を通じた健康寿命の延伸や、食料の生産から消費に至る持続可能な食の循環などの各課題を連携した視点を持って進めていくことが重要である。』

　このように、食育の推進はSDGs目標達成に密接な関係をもっている。その関係性を見える化することを目的に、**図7**は６次産業化におけるサプライチェーンに対して関連するSDGs開発目標を重ねたものである。６次産業化法が成立したときには、サプライチェーンは、生産から消費までを想定したものであった。しかしながら、現在では、SDGs開発目標No.12の「持続可能な生産消費形態を確保する」考え方が重視されてきた。そうした考え方を取り入れるためには、市場に出た後の商品の廃棄までを考慮に入れるべきだと考える。すなわち、消費者市場において、ただ売れればいいというのではなく、例えば、安全性に考慮しながら、消費・賞味期限の迫った原材料や商品

図7　６次産業化サプライチェーンとSDGs目標（筆者作成）

の再利用・再加工を安価に提供する市場戦略も必要となる。このことは、目標No.1「あらゆる場所のあらゆる形態の貧困を終わらせる」考え方にも通じる。前述したとおり、食べることができるのに捨てられそうな食料をスーパーマーケットや食品企業等から提供してもらい、食べることに困っている人などに配布して、有効に活用する活動であるフードバンク活動がその典型例である。

　地域共創型6次産業による食育実践は、地場農産物等の地域資源から始まるサプライチェーンごとに、体験や学習をさせることで、生徒に地域の良さを食育させるだけではなく、SDGsの考え方を取り入れた新たなサプライチェーンをもとに、世界的なSDGsの視点で共創を行うことが、今後は重要となっていくであろう。換言すれば、食育プラットフォーム形成のため、SDGsの視点を取り入れることで、6次産業化サプライチェーンの担い手やプラットフォーマーの共創者が、目的や意義のベクトルを一つにして、持続可能な食育の輪を推進できる効果が期待される。

謝辞

　事例対象として掲げた「みきゃんパーク」を運営されている代表取締役の石丸智仁様、伊予市地域おこし協力隊として活躍されている上田沙耶様、両氏の地域のために様々なステークホルダーと共創する姿勢は、本稿を執筆するうえで大変、参考となりました。心よりお礼申し上げます。

文献

三宅和彦・若林良和（2016）：漁業・漁村の6次産業化に向けた経営資質と経営マインド─金融機関の融資審査における非財務項目の視点から─、地域漁業研究Vol.56 No.3 19-38
木村具子（2020）：栄養教諭の職務実態と教職員・家庭・地域等の連携状況との関連について、瀬木学園紀要No.16　167

第4章

食育リーダーとソーシャルキャピタル
─食生活改善推進活動による地域包括ケアシステムの確立に向けて─

山下　三香子

1．はじめに

　筆者は長年、管理栄養士として高齢者に関わってきた。この四半世紀で、高齢者の状況は大きく変わった。1995年の高齢化率は14.6％であったが、2019年には28.4％に上昇し、2025年には30％を超えるとされている。1997年に介護保険が始まり、2005年には介護保険施設で「栄養ケアマネジメント」が導入され、管理栄養士が栄養専門職として位置づけられ、とりわけ「低栄養」に対する個別栄養ケアの重要性が認識され始めた。次第に、介護保険の施設入所や通所の対象者は重症化した高齢者へと移行していった。

　2005年の介護保険法改正では、一般地域高齢者を対象とした地域支援事業が導入され、2014年には予防給付（訪問介護・通所介護）を各市町村の裁量で行う地域支援事業に移行し、「介護予防・日常生活支援総合事業」が受け皿となった。市町村が主体となり、住民であるボランティアなどを活用し、それぞれの地域で予防に重点を置き、市町村の管理栄養士・栄養士、保健師の指導のもと食生活改善推進員（以後、食改と略す）がボランティアとして活動してきた。食改の始まりは戦後まもなく主に主婦を対象に健康な食生活の普及を目的として活動が行われてきた。食生活改善推進活動（以下、食改活動と略す）はそれぞれの地域の特色を持ちながら、住民の身近な存在として展開していった。

　この点に注目しながら、鹿児島県において食改活動の盛んで、食改自らが

高齢者でありながら高齢者を支えている薩摩川内市を事例として検討することにした。

　他方、食にまつわる行動によって、ソーシャルキャピタルの「信頼」「互酬性の規範」「ネットワーク（絆）」が構築され、人々の間で協調的な行動が促されている。ソーシャルキャピタルは、あらゆる方面でとらえられているが、食にまつわる行動として食改活動からとらえ直すことにした。

　厚生労働省は2025年を目途に、住まい、医療、介護、予防、生活支援が一体的に提供される地域包括ケアシステムの構築を推進し、2011年の介護保険法改正の条文に「自治体が地域包括ケアシステム推進の義務を担う」と明記された。さらに2019年に示された地域包括ケアシステムの構図には、**図1**の

図1　地域包括ケアシステムにおける栄養・食生活支援体制

出典：2018.7.25　2018年度都道府県等栄養施策担当者会議—地域保健総合推進事業—地域
　　　包括ケアシステム構築における行政管理栄養士等の役割に関する研究https://www.
　　　mhlw.go.jp/content/10904750/000340979.pdf（2020年10月9日閲覧）

ルが取り上げられ、それは「居住地域でお互い助け合っている国民」と表現
された。その他、社会参加の一つに期待されたのがボランティアであった。
「健康日本21（第2次）」では、健康寿命の延伸、健康格差の縮小、生活の質
の向上とあわせて、社会環境の質の向上が提起された。社会環境整備に直結
するのが、地域のつながりの強化、社会参加の機会の増加、食を通じた地域
のつながりの強化、食改・食育ボランティアなど主体的に関わる個人の増加
であった。これは地域包括ケアシステムに連動していく。

（3）地域包括ケアシステムの経過

　厚生労働省は2006年からヘルスケアシステムのデザインとして、地域包括
ケアシステムの実現に向けて取り組み、その後、地域包括ケアシステムの展
開は、医療、介護に加えて、生活支援サービスの供給体制を含めて再構築す
ることになった。
　2015年の介護保険法改正では、介護予防・日常生活支援総合事業が創設さ
れ、多様な主体の参加による地域支え合いシステムの構築が求められ、2016
年に地域力強化検討会は「支える側」と「支えられる側」が互いに支え合う
相互支援による地域力の強化、他人事を我が事としてとらえる地域住民の意
識改革が不可欠だとした。地域の多様な資源を動員し、多様な担い手を確
保・養成しながら、地域における包括的な支援体制による「地域共生社会」
が求められた。
　さらに、2018年の社会保障国民会議では、確かな社会保障を将来の世代に
伝えるため、自助・共助・公助の最適な組合せと「互助」の重要性が提案さ
れ、医療・介護保険サービスだけでなく、地域内の住民が主体となったサー
ビスやボランティア活動が示された。また、地域包括ケアシステムの構築は、
地域の持つ生活支援機能を高めるという意味から「21世紀型のコミュニティ
の再生」と位置付けた。
　以上のことから、地域包括ケアシステムにおける栄養・食生活支援体制は、
図1に示したように、地域住民である高齢者の自立した生活に向けた取組で

ある。その中心には、低栄養予防・フレイル対策に共食とあり、健康づくりボランティア、食改が示されている。

3．地域包括ケアシステム構築と食生活改善推進活動

　昭和20年代に主婦を対象に、自らが健康生活の実践者とする位置づけのもと誕生したのが食改である。食改は、誕生以来、地域の健康づくりから始まり、その名のとおり「食生活を改善する人」を意味し、豊かな感性と知性と経験が一人ひとりの力となり結集され、“私達の健康は私達の手で”をスローガンに、食を通した健康づくりのボランティアとして活動を進めてきた。

　2005年に食育基本法が施行され、食改は地域における食育推進の担い手として「食育アドバイザー」と併名された。食改活動は子どもから高齢者まで、健全な食生活を実践できる食育として幅広く取り組まれてきた。その活動はボランティアであるが、自分に何ができるかを創造し、対象となる人の自立を支援しつつ、自身の自立を図っている。併せて、食改は専門職が行っている地域医療保健活動と住民との橋渡しの役割もある。その専門職は、保健所などの管理栄養士・栄養士、保健師を意味し、食改の指導にもあたっている。これらの専門職の業務指針（「行政栄養士の業務指針」2013年3月）には、住民主体の活動、ソーシャルキャピタルを活用した健康づくり活動を推進するにあたり、食改との連携が求められているとある。

　食改は全国組織であることから、全国的に統一された活動として、「TUNAGU（繋ぐ）パートナーシップ事業」「おやこの食育教室」「生涯骨太クッキング」「男性のための料理教室」「低栄養・ロコモ・認知症予防教室」「毎月19日は食育の日」等がある。また、以前、各戸でつくられた味噌汁の食塩濃度測定など、食改は地域住民の身近な存在であった。

　鹿児島県の食改は2018年に設立50周年を迎えた。現在、県は脳卒中発症・重症化予防のため目標である食塩摂取量1日2g減を目指した「血管を守る減塩習慣化楽しお・楽ベジセミナー事業」に取り組んでいる。県の食改も常

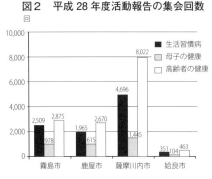

図2　平成 28 年度活動報告の集会回数

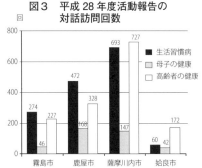

図3　平成 28 年度活動報告の対話訪問回数

に県とのつながりを持ちながらその取組に協働している。

　今回の事例分析を行う鹿児島県の薩摩川内市は、鹿児島県の薩摩半島北西部に位置し、1級河川の川内川が市の中心を流れ、西側は東シナ海に面し、豊かな農水産物に恵まれている。2004年に9つの市町村の合併で薩摩川内市が誕生した。人口は鹿児島県内で第4位の95,216人（2017年現在）であり、高齢化率29.1％（2015年）、女性の平均寿命が県内第1位（2010年）である。薩摩川内市の食改は182人と、鹿児島市に次いで第2位で、他市町村に比べて多い。

　薩摩川内市の食改活動は、**図2、3**に示すように、県内の中でも活発である。たとえば、健康の集会回数、対話訪問回数ともに、他市に比べて突出している。しかも、高齢者に対する活動は顕著である。

　薩摩川内市の独自活動として代表的なものは、食改の有志による昼食（お食事処 “旬彩和素”（いろどり）） の運営がある。そこでは、野菜が豊富で栄養バランスのとれた定食を出し、地産地消を前提に、栄養ポスターの掲示や地域の農産物の活用・販売を通して地域社会との間をつないでいる。その他、店内では、食改も参加することになった薩摩川内市のイベント「野菜の日」に、1日に必要な野菜350gを実際に計量することができるコーナーを設置していた。（**写真1**参照）2015年度には、薩摩川内市は、要支援1・2の介護認定者への調理支援を食改にゆだねて、食事を一緒に作るサポート等を一部、有償ボ

写真1　お食事処旬彩和素野菜の日キャンペーン（筆者撮影）

ランティアとした。このように、薩摩川内市の食改活動は保健所等の栄養士と連携を図りながらも、独自の展開へと発展し地域に貢献している。地域住民一人ひとりが意識を高めて生活の質向上を図って健康づくりに参加することは、個人だけでなく、地域全体がエンパワーメントされることにつながるだろう。

4．活動に伴うソーシャルキャピタルの醸成

　薩摩川内市の食改活動に伴うソーシャルキャピタルについて、個人の意識から検討する。食改がソーシャルキャピタルの醸成にどのように寄与しているのかを明らかにするために、アンケート（意識調査）[2]を行った。アンケートは2016年9〜11月に実施し、全会員151人を対象に行ない、128人から回答があった（回収率84.8％）。

　まず、回答者の属性である年齢構成をみると、65歳〜75歳が50.4％と約半数を占める。最高年齢85歳、最長活動年数45年、平均活動年数は12.4年であった。注目すべき点は、経験を積んだ75歳以上の会員が約2割で、その内の約4割は一人暮らしで、約8割が健康と答えて、食改活動に積極的に関わって生きがいを持っていることである。生き生きとしたに高齢期を過ごしていることが予測できる。

　次に、ソーシャルキャピタルの要因として挙げられる「信頼」「規範」「ネットワーク」に関連する指標に関して、国民健康栄養調査（2015年）と比較した。「信頼」一般的に人は信頼できるかでは、「信頼できる」が約3割に対して、今回の調査結果は約9割であった。「互酬性の規範」（人は他の人の役に立とうとするか」においては、「思う」が3割に対して、今回の結果は8割以上となった。「健康日本21（第2次）」では、地域のつながりの強化として、居住地域でお互いに助け合っていると思う国民の目標を65％とした。質問方法が若干異なるものの、近所付き合い（ネットワークや互酬性）の程度に関して、「協力し合っている」は4割強であった。「健康日本21（第2次）」の目標数値には及ばないが、「立ち話程度」を加えると9割近くに達する、そのほか、地域への愛着（コミュニティモラール）があると答えた人は10割近くに及び、全体としてみると、食改におけるソーシャルキャピタルの意識は高いと言えるだろう。

　そして、食習慣に関しては、どの年齢も、朝食は毎日食べており、7割以上が主食・主菜・副菜のバランスのとれた食事を1日2回以上とっていた。こうした食習慣を持つ75歳以上の高齢者は9割以上であり、これが定着していた。さらに、食に関する主観的QOL[3]（「食事時間が待ち遠しい」「食卓の雰囲気が明るい」「日々の食事が待ち遠しい」）の各質問項目を点数化し、中央値を基準に2群（高群と低群）に分類した。その結果、高群の割合は75歳以上が他の年齢よりも高くて7割以上で達しており、食事を重視していることが判明した。食の社会性は、先行研究の食行動・食態度の積極性尺度[4]の食の社会的側面（**表2**に示す項目）であり、他の人に対して料理を作ってあげたり、料理や栄養の情報交換をしたりすることである。これらは地域や身近な人に対して「積極的」か「消極的」かを問うものである。75歳以上は7割以上が積極的に行動し、「野菜や食材のやり取り」の積極性は6割以上であった。今回、食の社会性に野菜づくりを問いに加えたのは、先行研究で、野菜づくりが野菜摂取量[5]に影響し、また農作業が健康に良いことを示していたからであった。さらに野菜づくりが近所のコミュニケーションや健康、

表2　質問項目の主観的 QOL と食の社会性

主観的QOL評価 （食に関する期待と満足感）	食事時間が待ち遠しい
	食卓の雰囲気が明るい
	日々の食事が待ち遠しい
食の社会性	人にあげるために料理を作る
	料理や味の伝承
	作った料理や食材のやり取り
	健康や栄養のことについて、家族や友人、近所の人と情報交換
	料理や味付けについて、家族や友人、近所の人と情報交換
	野菜を作っている

　生きがいにつながることから質問項目に加えた。野菜を作っているのは全体で8割近くであったが、75歳以上の場合約9割であった。野菜づくりは、体を動かし収穫の喜びがあり、自分たちの食料となって料理方法を考えることになる。また、ご近所へのおすそわけは地域の関わりや結束の根源となり、ソーシャルキャピタルの「私的財」を豊かにする可能性があると考えられる。

　さらに、食改活動の積極性と消極性、つまり、食の社会性についてみる。積極的と答えた人は「料理や栄養の情報交換（オッズ比[6] 3.424）」「料理や味付けの情報交換（オッズ比3.226）」を身近な人に行い、住んでいる地域の子供たちを含め「料理や味の伝承（オッズ比3.317）」、「人にあげるために料理を作る（オッズ比2.639）」といった行動をとっている。つまり、食改活動を積極的に行っている人は、身近な人や地域の人に対しても食の社会性を豊かにしている。正しい知識を学んだ食改は、単に知識だけに終わらず、近隣や地域に影響を与え、食改の実践者としてネットワークを広げていると言える。

　以上のことから、積極的な食改活動は、食の社会性を豊かにし、誰かのために食行動を起こしている。75歳以上の場合でも、その傾向は維持され、健康のための行動、豊かなコミュニケーション、納得のいく生きがいにつながっている。長年、継続された食改活動は、加齢によって単に衰えるのではなく、むしろ円熟味を増したネットワークを拡充している。この年齢層の活動を中心に蓄積された情報は、地域で共有され、食文化の継承に貢献できるだ

ろう。食改活動による食を介したネットワークは、食育の共創となり、個人と地域におけるエンパワーメントの形成、ソーシャルキャピタルの醸成に寄与している。

５．活動からみたソーシャルキャピタルの関係性

次に、食改活動に伴うソーシャルキャピタルについて、組織としての関係性から分析する。また、この分析は、薩摩川内市の食改活動が、地域の食育リーダーとして地域包括ケアシステムの社会資源ととらえる視点でみることにする。調査対象者は同じ薩摩川内市の食改である。合併前の５つの市町村を単位にグループインタビューを行った。その５つのグループの構成は６名から10名のグループで、合計40名であった。分析方法は、語られた音声記録を文字化し、ポイントを要約してコード化したものから、類似するものをサブカテゴリー、カテゴリーと分類した。そして、**表３**のとおり、潜在的にあ

表３　食改の活動分析

分類	カテゴリー	サブカテゴリー
活動における「規範」	食改と認識	共通のツールで一体感
	市の栄養士の関わり	毎月の定例会
		市のイベント
地域の「信頼」	地域の取り組み	レシピ集記念事業
		自主活動の昼食の店
		人気がある男性料理教室
	行事や世代間交流	子供への食育
		地域での食生活・食文化に対する使命感
組織間の「ネットワーク」	社会福祉協議会との活動	高齢者サロン
		災害に対する強い意識
		寄付活動
	他の組織や資格の兼任	組織や資格との役割
活動の効果	体験を通した効果	減塩活動の効果を実感
		学びの実感
	近所との食つながり	高齢者に対しての「一皿運動」と「おすそわけ」
	食改の姿	食改の学びと実践
		生きがいある食改の活動
		高齢の食改の姿

るソーシャルキャピタルの要因を抽出した[7]。

（1）活動における規範

　食改手帳、ユニフォーム（全国共通のピンクのTシャツ）、塩分測定計といった共通のツールが、食改であることを認識し、モチベーションと連帯感を高めている。また、市が主催する食改の定例会は、1か月間の活動を推進するために出席することが不可欠である。そこでは、自己研鑽と仲間との交流がなされている。栄養をはじめ食生活に関する学びは共通の認識となり、食改としての規範を形成していると考えられる。

（2）地域の信頼

　食改で取り組む活動にレシピ集の出版、男性料理教室、食改の有志で開いた昼食のお店、地域や小学校の行事や世代間交流など、地域によって様々な活動がされており、地域にあった活動で信頼を培ってきた。このように規範や信頼は、組織間のネットワークを構築していくことになる。

（3）ネットワーク

　食改の中には、社会福祉協議会の活動である高齢者サロンで利用されるレクレーションインストラクターや運動推進員、子育てサロンでの母子保健福祉員等の資格を取得している者もいる。その他、食改の幅を広げた活動に、日赤奉仕団や寄付活動がある。このような活動は、他の組織やグループとのネットワークを構築している。

（4）活動の効果

　減塩活動をはじめ学んできたことが食改自身や周囲の人達へ変化をもたらしている。近所の高齢者に対しては、「一皿運動」や「おすそ分け」などが生きがいにもつながっている。高齢の食改の姿は若い人への模範となり、また元気で生きがいのある姿は高齢者の手本になっている。

図4　食生活改善推進員をめぐるソーシャルキャピタルの概念構造

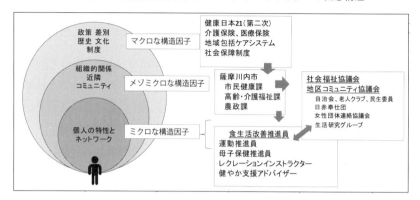

（アチェソン報告に示された「健康の社会的決定要因」の概念図（Dahlgren G.
Whitehead M : Policies and strategies to promote equity in health World Health
Organization、11、1991より）及び、社会疫学の視点（川上憲人・小林廉毅・橋
本英樹（2006）『社会格差と健康』東京大学出版会）をもとに、筆者により改編）

　以上のことから、関係性は、規範と信頼によりネットワークを築き、互い
に相乗効果をもたらしながら効果的に働いていると言える。さらに考察する
と、食改を取り巻く社会構造は、アチェソンの健康を決定する社会的要因を
社会的疫学の視点でとらえた概念図を改変して示した**図4**のとおりである。
つまり食改は社会全体に関わる介護予防、「健康日本21（第2次）」等を受け
た行政の公共財とつながりを持つマクロな構造（介護保険、医療保険、社会
保障制度）の影響下にある。一方で、地方の食改は、同質的なボンディング
な側面を持ち閉鎖的になりがちなところ、他の資格を積極的にとり他の組織
やグループと関わりを持つことでブリッジングな側面を持っている。つまり、
食改は、様々な組織やグループに対して開かれたボランティアグループとい
える。
　食改は、市民健康課の管理栄養士・栄養士、保健師の専門的な知識によっ
て統一された方針のもと活動している。そのため、メゾミクロな構造（市役
所、社会福祉協議会、地区コミュニティ協議会、近隣のコミュニティ）と深
くかかわっている。定例会は会員同士の横のつながりや活動によりネットワ

ークを構築している。

　また、食改活動の半分近くは高齢者を対象としながら、自身も高齢者であることが多く、高齢者の手本となっている。高齢の食改が率先して行う活動は、若い食改の良い刺激にもなっている。若い時には仕事や子育てや介護と多忙で思うように参加できなくても、学びながら食生活を見直すきっかけができ、食改自信が実践者となり家族や周りの方へ影響を与えている。或いは職場を定年することで、それまで思うように参加できなかったことに対して、これまでの食改へのご恩返しの意味も含まれ、今度は主体的に行動する側に回っている。言い換えると、余裕の出る高齢期の食改から見て、それ以前の忙しい年齢層を理解することは、ライフステージにおける時間軸を超えた互酬性の規範といえる。食改の学びは、保育園や小学校に出向き、子育て世代に食文化を継承し、身近なところでの「おすそわけ」「一皿運動」、共食などで食のネットワーク、つまり食の社会性とともに食育の共創が形成されている。以上のことから食改は、公共財とのつながりを持ち、地域性を生かした結束を強みに、個人が持つネットワークを広げ、開放的で革新的な外部とのつながり（ネットワーク）があるコミュニティレベルの活動として展開している。

　食改活動は、信頼と互酬性の規範、開かれたネットワークを持つソーシャルキャピタルとしての役割を果たしながら、地域の食育リーダーとして他組織との連携を図り、高齢者サロン等で共食の場を作り、地域包括ケアシステムの社会資源の一つになっている。

6．おわりに

　日本の高齢社会において、健康へのヘルスプロモーションやパブリックヘルスの考えから、個人の努力も必要であるが、そこには限界があり、健康に向けた地域の環境づくりと社会参加が求められている。食改は自らの健康に立ち戻り、健康に一番適した行動を選べる力を学んでいる。高齢の食改の社

会参加は、介護予防と地域の互助機能の強化を図ることになり、社会全体が相互に支え合いながら健康を守る環境作りにつながる。それは、ソーシャルキャピタルの醸成に寄与することであり、地域包括ケアシステムの社会資源となり、健康寿命の延伸に貢献することになる。

　これまでの分析から整理できることは次の4点である。第1に、食改は地域の互助機能強化を意図した食育リーダーとなりうる。食改活動はソーシャルキャピタルの3要素「信頼」「規範」「ネットワーク」を築き、地域の食育リーダーとして「食の社会性」を高めることができる。第2に、食改は食文化継承や健康的な食の実践者となり、健康的な地域づくりに貢献できる。高齢の食改は、地域を良く知る貴重な存在であり、地域の文化的な背景を通して食文化を伝えることができ、子供たちの地域への愛着を育て、地域に貢献している。第3に、高齢になっても食改であることが、健康寿命の延伸につながる。食改は、健康的な食の実践者となり、社会参加することで、生きがいを持ち高齢者の手本となっている。第4に、食改が主体的になって、「おすそわけ」「一皿運動」「共食」の機会を増やすことができる。食改活動は、社会の共助の意識を高め、地域包括ケアシステムにおけるフレイル対策としての共食の場を作り、社会資源となっている。

　食改は、地域で守ってきた食文化の継承や地産地消、子供から高齢者まで幅広い人たちに対して健康を意図した活動を行っている。その結果、健全な人材育成と地域づくりがソーシャルキャピタルの醸成となり、食育の共創が図られることになる。

謝辞

　本事例対象である薩摩川内市の食改の皆様、本研究を進めるにあたりご協力いただきました関係者の皆様に心よりお礼申し上げます。

注

1) イチロー・カワチ、ブルース・P・ケネディ著、近藤克則、橋本英樹他訳 (2004)：不平等が健康を損なう、日本評論社

2) 山下三香子、若林良和 (2018)：食生活改善推進員の活動におけるソーシャル・キャピタルの醸成　食習慣、食に関する主観的QOLと食の社会性を通して、日本食育学会誌、第12巻第1号、9-18.

3) 曾退友美、赤松利恵、林芙美、武見ゆかり (2012)：成人期における食に関する主観的QOL（subjective diet-related quality of life（SDQOL））の信頼性と妥当性の検討、栄養学雑誌、70、181-187.

4) 武見ゆかり (2001)：高齢者における食から見たQOL指標としての食行動・食態度の積極性尺度の開発、民族衛生、67、3-27.

5) 町田大輔、吉田亨 (2015)：先進国の成人における自家製野菜の栽培・摂取と野菜摂取量との関係に関する系統的レビュー、栄養学雑誌、Vol.73No.2、62～68

6) オッズ比は、2つの群の比較であり、1より大きいと事象が一方より起こりやすいことを意味している。

7) 山下三香子、若林良和 (2019)：食生活改善推進員の活動からみたソーシャル・キャピタルの関係性　地域包括ケアシステムのボトムアップに貢献する食育リーダー、日本食育学会誌、第13巻第3号、211-221.

第5章

幼児期における地場産物を教材とした食育活動プログラム
―行政サービスを活かし五感による幼児食育を推進しよう―

和田　広美

1．はじめに

　昭和30年代生まれの筆者の記憶をたどると、「給食」はいつもワクワクする時間であった。皆が一番笑顔になれるうれしいひとときであり、筆者の思い出の中には常に楽しいイメージしか残っていない。

　1994年、「子どもの昼食とおやつ作り」という夢のある仕事に魅力を感じ、筆者は保育所の給食業務に勤務することとした。しかし、集団給食の現場は厳しい職員体制の中、調理作業や衛生管理、栄養事務に追われる多忙な毎日で、思っていた優雅な食事づくりとは少し異なっていた。何より「違う」と思ったのは給食を食べる子どもたちの姿で、喜んでくれることを思い描いて一生懸命作った給食を前に、好き嫌いがあって食べられず辛そうにしている子どもが多かったことである。「何とか笑顔で楽しく食べさせたい」と思ったことが、筆者のそもそもの食育実践のきっかけである。

　保育所には栄養士の必置義務はなく、その頃は「食育」という言葉もあまり使われていなかった。手探りのなかで、保育士からアドバイスがあったクッキング（調理保育）からはじめてみると、本当に生き生きと楽しそうに活動する子どもたち、そしてまた嫌いなものでもおいしそうに食べる子どもたち……。食の原点は「自らが食べたいと思うこと」であることに気がついた。それからは、子どもたちの食への意欲を啓発するため、年間計画を立てて「行事食」や「栄養の大切さ」などを、クッキングを交えながら楽しく伝え

ていった。

　2007年、「食育基本法」等の影響もあり、筆者は保育所を担当する管理栄養士として福祉課に配置された。保育の現場から遠のいたことで、改めて行政担当者として乳幼児期の食育のあり方を考える機会となった。その折に出会ったのが、愛媛大学の若林教授らの提唱する「ぎょしょく教育」である。地元産業の振興を根底に置き、魚嫌いをなくすために様々な手法を用いて魚食を啓発する教育に感銘を受け、同時に今までの保育所食育に欠けているものに気がついた。「子どもたちに、『郷土』をしっかり伝えたい」との思いから、地場産物を食育ツールに用いた食育活動の実践が始まった。

2．幼児期の食育

（1）子どもの健康と食育

　食は命の源であり、人が生きていくために欠かせないものである。しかし、近年、社会環境が大きく変化する中、食に対する価値観やライフスタイル等の多様化が進み、健全な食生活を実践することが困難になっている。

　日本は世界でも有数の長寿国となったが、少子・高齢化が進展する中、今後は健康寿命の延伸が重要視されている。このことから、第3次食育推進基本計画では「エネルギーや食塩等の過剰摂取」、「野菜の摂取不足等の栄養の偏り」「朝食の欠食に代表されるような食習慣の乱れ」を要因とする生活習慣病予防が重点課題として取り上げられ、特に20〜30歳の「若い世代」への食育が強調されるようになった。これは第1次計画からの評価で改善が厳しかったことに起因するのであろう。

　宇和島市においても国と同様の状態がみられる。2018年3月策定の「宇和島市食育プラン（第3次）」における2次計画の評価では、健康につながる「朝食摂取、栄養バランス、野菜摂取」等の項目において、成人若年層（20〜40歳）が他年齢と比較して一番悪い状態にあった。「若い世代」とは、いわゆる保育所、認定こども園、幼稚園（以下「保育所等」という）の保護者

格の形成に大きな影響を及ぼす」と明示している。子どもたちが生涯にわたって健全な心と身体を培い、豊かな人間性を育んでいくためには、幼いころからの食育の積み重ねが重要である。

（2）保育所等における食育の役割

　厚生労働省の乳幼児栄養調査（2005年）をみると、**図3**のとおり、「子どもが健康的な食習慣を身につけていくのに取組が必要な機関」として8割以上が「保育所・幼稚園」を挙げており、食育の拠点として子どもを持つ親からの期待が高いことがわかる。

　2018年に適用された「幼稚園教育要領」「保育所保育指針」「幼保連携型認定こども園教育・保育要領」（いずれも2017年3月告示）には、食育が教育及び保育の一環として具体的に示されている。

　保育所等は今後はさらに、家庭に連携して様々な食に関する体験の機会を提供していくことが必要となる。

図3　子どもが健康的な食習慣を身につけていくのに取組が必要な機関（複数回答）

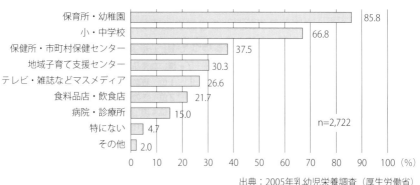

出典：2005年乳幼児栄養調査（厚生労働省）

（3）乳幼児の発達と食育

　乳幼児期は発達において未熟な状態であるため、食育を行うにあたっては発達過程を捉えたうえで行うことが重要となる。厚生労働省の「楽しく食べ

る子どもに～食からはじまる健やかガイド～」（2004年）と前述の「保育所保育指針」を用い、発達過程を整理すると、**表2**のようになる。2～3歳になると、人との関わりが拡大し、「個」よりも「集団」に強く興味を持ち始める。そして、3歳を過ぎると、食べ物の育ちにも関心を持ち始め、居住地区間の生産物や食文化にも視野が拡がっていく。

表2　乳幼児期の発達過程

	授乳期／離乳期	1～3歳未満	3歳～就学前
心と身体の健康	著しい身体発育・感覚機能の発達 脳・神経系の急速な発達 味覚の形成 咀嚼機能の発達 言語の発達 生理的要求の充足 ─→ 生活リズムの形成 ───── 安心感・基本的信頼感の確立 ───────		できることを増やし、達成感・満足感を味わう
人との関わり	〈関係性の拡大・深化〉 親子・兄弟姉妹・家族 ───────────	仲間・友人　（親友）───────	
食のスキル	哺乳→固形食への移行 手づかみ食べ ─→ スプーン・箸等の使用 食べ方の模倣 食べる要求の表出 ────────	自分で食べる量の調節	
食の文化と環境	〈食べ物の種類の拡大・料理の多様化〉 食べ方、食具の使い方の形成 食べ物の育ちへの関心	食事マナーの獲得 居住地区内の生産物への関心　→ 居住地区内の食文化への関心　→	
発達過程	・視覚、聴覚などの感覚や、座る、はう、歩くなどの運動機能が著しく発達。 ・特定の大人との応答的な関わりを通じて、情緒的な絆が形成される。	・歩き始めから、歩く、走る、跳ぶなどへと、基本的な運動機能が次第に発達。 ・排泄の自立のための身体機能も整うようになる。 ・つまむ、めくるなどの指先の機能も発達し、食事、衣類の着脱なども、援助のもと自分で行うようになる。 ・発声も明瞭になり、語彙も増加し、自分の意思や欲求を言葉で表出できるようになる。	・運動機能の発達により、基本的な動作が一通りできるようになる。 ・基本的な生活習慣もほぼ自立できるようになる。 ・理解する語彙数が急激に増加し、知的興味や関心も高まってくる。 ・仲間と遊び、仲間の中の一人という自覚が生じ、集団的な遊びや協同的な活動も見られるようになる。
関わり方（保育）	・愛情豊かに、応答的に行われることが必要。	・自分でできることが増えてくる時期であることから、子どもの生活の安定を図りながら、自分でしようとする気持ちを尊重し、温かく見守るとともに、愛情豊かに、応答的に関わることが必要。	・個の成長と、集団としての活動の充実が図られるようにする。

（「楽しく食べる子どもに～食からはじまる健やかガイド～」「保育所保育指針」をもとに筆者が改編）

　乳幼児は、外界からの刺激によって発達が促されていき、その刺激を感知する主な感覚機能が「味覚」「聴覚」「嗅覚」「視覚」「触覚」の「五感」である。たとえば、「食事」は「様々な食品を味わう」「食事をしながら語り合う」「食材や料理の匂いを嗅ぐ」「様々な食材や料理を見る」「心地よい舌触りを感じる」など五感の全てを満たすことができる動作であり、その刺激によって豊かな感覚や感情が培われる。

　食においては、五感の中でも特に「味覚」が重要なので追記する。味覚は舌の「味蕾」という器官で感じ取られ、食経験を重ねることにより発達していく。「嗜好性」とは食物に対する好悪の判断基準で、これも味覚と共に発達を遂げながら変化していく。味覚嗜好性においての幼児期の特徴としては、食物を摂取したときに不快感を経験するとその味まで嫌いになってしまう「味覚嫌悪学習」や、初めて見るものや口にするものに警戒を抱く「新奇性恐怖」などがある。

　以上のことから、幼児期においては、快い環境のもと様々な食品に親しむことが特に重要で、五感を使ったおいしさの発見を繰り返す楽しい経験が、豊かな味覚嗜好の形成へとつながっていく。

3．宇和島市における食育活動の実践と効果・評価

　子どもたちが郷土の食の恵みを知り、郷土への愛着心や食への感謝の気持ちを育むことを目的に、2009年から「地場産物食育推進事業」を実施している。この事業では地場産物を教材として用いるため、まず宇和島市の地場産物である、みかんや養殖真鯛から紹介する。

（1）宇和島市の概要と地場産物

　市のホームページによると、宇和島市は愛媛県の西南部に位置しており、市の西は宇和海に面し、入り江と半島が複雑に交錯した典型的なリアス式海岸が続く。東側の鬼ヶ城連峰は海まで迫る急峻さを備え、起伏の多い複雑な

地形となっている。気候は四季を
通じて温暖であるが、西側が豊後
水道に面し、東側には1,000m級
の高峰が連なることから、海岸部
と山間部では気温や降水量に大き
く差がみられ、山間部には積雪や
結氷もみられるという多様な気候
性を併せ持つ土地柄である。

写真1　宇和島城を望む市内風景（筆者撮影）

　このような地形や自然環境を活
かした第一次産業が盛んで、内陸部では温暖な気候のもと米作や野菜栽培、
柑橘栽培が、海岸部では水産資源を活用した漁業及び養殖水産業（真珠、ハ
マチ、真鯛など）が活発である。

1）みかん栽培

　宇和島市における柑橘栽培は、最も古い記録（1910年、愛媛県農会発行の
『愛媛の柑橘』の中に、「本郡柑橘中其栽培歴史の古きは紀の国密柑にして、
今を去る約180年前、立間村字白井谷の加賀山古吉の屋敷に一本の紀の国密
柑（小みかん）ありしを以て嚆矢とする」と記されている。その後、吉田町
立間の加賀山平次郎が苗木を購入し、庭先の畑に植えたのが「栽培」の始ま
りといわれる。

　昭和の終戦以降、みかん商品化の確立や生産技術の進展等によって、「み
かん産業」は急成長を遂げていく。「温暖な気候」「土壌成分」「リアス式海
岸の傾斜地」「石垣の段畑」「海からの潮風や反射光」など、宇和島市の環境
がみかんの生育に適していたことから、市の主要産業へと発展していった。

2）真鯛養殖

　愛媛県における真鯛養殖の始まりは、1962年頃に明浜町、城辺町久良、津
島町で、船びき網のイワシのシラスとともに混獲される稚魚をハマチと混養
したことにあるといわれている。1965年以降から本格的に単独養殖への試み
が始まり、真鯛が海の汚染や病気に強く斃死が少なかったことから、真鯛を

専門に養殖する業者が増えていった。

　宇和海は「急深で複雑な海岸線」「各所の大小さまざまな入江や湾」「平穏で波静かな海」など魚類養殖に絶好の立地条件であったことから、養殖産業は成長を遂げ、現在の宇和島市は日本屈指の産地となっている。

（2）食育活動の実践

　地場産物食育推進事業は**表3**のとおり、申込施設の要望を踏まえながら、様々にプログラムを展開して食育活動を実践してきた。ここでは、基本となるモデルを紹介したい。

表3．地場産物食育指導事業（出前講座）

目的	地場産物を活用した食育活動を通して、子どもたちが郷土の食の恵みを知り、食に対する興味関心を持つことにより、郷土への愛着心や食への感謝の気持ちを育む。
対象	市内就学前教育保育施設（保育所、認定こども園、幼稚園等）の児童 ※希望によりその保護者
講師	宇和島の地場産物に関わる人材（生産、販売、水産高校生等） ※元気うわじまサポートバンク登録者（市の食育人材バンク）
講座時間	1時間程度　※幼児の集中時間を考慮
教材	宇和島市の地場産物（みかん、魚（真鯛）、米、野菜等）

1）事前打合せ

　保育所担当者、講師、福祉課担当者（栄養士）が事前打ち合わせをする。その内容は、①事業目的を共有すること、②活動のプログラムを決定すること（役割分担、準備物等）、③会場の配置を決めること（机、スクリーン、プロジェクター等）、④対象（子ども）の情報を共有すること（食傾向、食の悩み、集中力等）である。

2）食育活動プログラムの内容

　具体的な食育実践プログラムの内容は**表4**のとおりである。

表4　プログラムの内容

おおよその 時間配分	スケジュール	具体的内容	配慮
講座前	導入	・保育士が注目を促す。	・手遊びや歌などを用いると効果的。
5分	⑦ あいさつ	・はじめのあいさつ（園長） ・スタッフ自己紹介（講師・栄養士） ・本日のスケジュールの説明	◎「視覚」「聴覚」の体験
20分	④生産者の講話	・地場産物を見せながら説明する。 　例 { 鯛なら　　→外観や体内の観察（解体の様子） 　　　みかんなら→果実や葉、皮をむいた様子など 　　　米なら　　→稲、もみ、玄米など 　　　野菜なら　→様々な旬の野菜（外観、花など） ・地場産物に触れる。 （五感を使って体験させる。）	・仕事に使う道具等も見せるとよい。（鍬、籠、農機具等） ◎「視覚」「聴覚」「触覚」 　「嗅覚」の体験
20分	⑦栄養士の講話	・媒体を用いて、地場産物についてさらに具体的に知らせる。 ・地場産物の栄養を知らせる。 　（3つの食品群等） ・食べ物には「命」があることを知らせる。 ※「食への意欲」や「感謝の心」を啓発するように実施。	・地場産物について、さらに子どもにわかりやすく説明する。（自然環境の中で生産する苦労等も伝える。） ・地場産物の栄養や、健康へのつながりも知らせる。 ◎「視覚」「聴覚」の体験
10分	㊤味覚体験	・味見体験の実施。 　例 { 鯛　　→ホットプレートの塩焼き、 　　　　　　　鯛の炊き込みご飯、塩釜焼 　　　みかん →みかん、みかんジュース 　　　米　　→土鍋ご飯 　　　野菜　→スティック野菜、 　　　　　　　野菜のスムージィ　　　など	・試食は、食事に差し障りのない量にする。 　（教材を、給食やおやつの食材として用いてもよい。） ※衛生管理に十分留意する。 ◎「視覚」「聴覚」「触覚」 　「嗅覚」「味覚」の体験
5分	㊦まとめ	・活動内容をまとめる。 　クイズで全体のおさらいをする。 ・子どもからの質問を受ける。 ・活動で学んだことを、家族やまわりの人にも教えてあげるように促す。 ・おわりのあいさつ（講師へのお礼の言葉）	・繰り返し伝え、子どもが活動を通して得た知識を記憶化させる。 ・まとめる中で、事業目的の達成へと講話内容を導く。 ※食べ物の命や、生産者への「感謝」にも気付かせる。 ◎「視覚」「聴覚」の体験

（留意事項）

※クッキング（調理保育）を取り入れる場合は㋑で行う。

　煮炊きする時間が必要な場合は㋒と㋑を入れ替え、加熱している間に「栄養士の講話」を行うなどスムーズな流れを作る。（クッキング（調理保育）を行う場合は、1時間程度の延長が必要。）

※「㋑味覚体験」やクッキング（調理保育）を行う場合は、衛生管理を厳重に行う。（手指の清潔、食材の十分な洗浄と加熱、衛生を踏まえた役割分担、配食方法等の手順など）

※「㋑生産者の講話」は、講師の自由な発想を活かして行う。

　（五感で地場産物を体験させる）

（みかん）　　　　　　　　　（養殖真鯛）　　　　　　　　　（野菜）

（地場産物をくまなく見せる：真鯛の例）

口を開くと、鋭い歯や舌を見ることができる。（鋭い歯は餌と関連）

鯛の骨や内臓を見せることにより、命に気づかせることができる。（人と同じ骨や臓器がある）

※「㋒栄養士の講話」は、子どもが理解しやすい内容で、子どもが楽しめる手法を用いる。

※地場産物の歴史や生産をストーリー（物語）で知らせる。

　（生産の様子：真鯛養殖）

みいひめ　と　ぼんじいは、うみに　やってきました。

エサをとりあっているんだよ

エサは、こんかんにえいようたっぷりなんだよ

いっしょうけんめい　たいせつにそだてているんだ！

　（歴史：みかん栽培）

おいしい　うわじま
みかんのはなし

（食品の選び方や栄養等について：みかん）

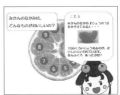

※㊥「エ味覚体験」では、できるだけ素材本来の味を味わわせる。
（素材の味が楽しめるメニューに留意し、できるだけ調理の過程が見えるよう配慮する。）

土鍋を用いた鯛の炊き込みご飯。カセットコンロ等を用いて、目の前で炊飯する様子を見せる。

ホットプレートを用いた鯛（切り身）の塩焼き。「視覚」「嗅覚」「聴覚」が刺激され、食への期待感が高まる。

※「㊞まとめ」では、子どもの理解を確認する。
（クイズで講座内容を振り返る：おいしいみかんの選び方）

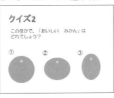

※媒体は、絵本、紙芝居、エプロンシアター、かるた、ゲームなどを用いてもよい。

（指導のポイント）
※はっきりとした言葉、発音でゆっくりと話す。
※講話は子どもが興味を持つ内容とする。また、表情やゼスチャーをつけながら伝えると子どもにわかりやすい。
※子どもの疑問には丁寧に対応する。
※子どもの集中時間に合わせて「静（講話型）」と「動（参加型）」の活動を組み合わせ、飽きさせないようプログラムを工夫する。「動」では、五感を使った活動をしっかり取り入れる。

（3）事業の評価

　これまでのアンケートの集計結果をみると、「子どもが活動を楽しめた」「今後につながる活動である」という意見が毎年8割以上を占め、保育所等の事業対象施設から好評を得ていることがわかる。特に、「活動後の子ども

の声」では、参加型（クイズ、クッキング、試食　等）の活動についての評価が高く、子どもの心にも印象深く残る様子がみられる。

　生産者等講師に対するアンケート結果では、「活動してとてもよかった」が毎年7割以上に達している。具体的には、「地場産物について伝えたい」「地域住民として子育てを応援したい」などの貢献的な言葉や、「子どもがかわいい」「食べてくれて嬉しい」「元気をもらった」など子どもに癒しを感じているコメントが多かった。

　2020年度は新型コロナウイルス感染症拡大予防により、食育プログラム内に「クッキング（調理保育）」は全て取り入れずに実施した。しかし、「味わう」体験はぜひ取り入れたかったので、衛生管理に留意して一口程度の試食を提供することとした。すると、全体的に子ども達は喜んで食べたものの、やはり重度の「好き嫌い」がある子どもは味わうことが難しかった。前年度はそれでも食べていたことから、その原因を職員間では「作る作業に関わっていないからではないか」という結論に至った。やはり、クッキングは子どもに「好きな食べ物を増やす」最良の手段と想定される。

　また、クッキングを取り入れた活動では、参加した保護者からも「勉強になった」「やってみたい」などの意欲的なコメントが多く、講師も「楽しかった」「また行いたい」など充実感に結びつくコメントが多い。さらに、全体的に「感謝」のコメントも多く、「皆で調理して、皆で食べる」という共同体験は、参加者の一体感までも醸成する効果があると思われる。

４．地域に根ざした保育所等における食育の協働システム

（１）地場産物食育推進事業と地域協働

　第3次食育推進基本計画には、「食育に関する施策の実効性を高めていくためには、国、地方公共団体、教育関係者、農林漁業者、食品関連事業者、ボランティア等、食育に係る様々な関係者が主体的かつ多様に連携・協働して、地域レベルや国レベルのネットワークを築き、取組を推進していくこと

図4　地場産物食育推進事業が目指す姿

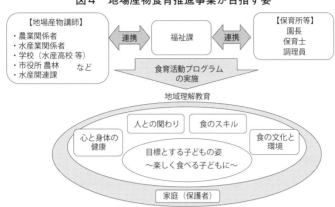

（厚生労働省「楽しく食べる子どもに」を参考に筆者が改編）

が極めて重要」と示されている。保育所等は地域に密着した施設であること
から地元の支援を受けることは多々あるが、計画が示す体系を確立し、継続
していくことはなかなか難しい。

　「地場産物食育推進事業」は地域協働で行われており、これが恒常的に行
えてきたのは「市の事業として確立していること」「予算化されていること」
の二つが大きい。すなわち、行政が地域協働を支えているところである。し
たがって、**図4**のように、子ども達は地域を理解していく過程の中で「健
康」「人との関わり」「食のスキル」「食の文化と環境」を学び、「楽しく食べ
る子ども」という目標とする姿に向かうことになるわけである。

（2）食育をめぐる地域協働システム

　宇和島市では、「宇和島市食育プラン（宇和島市の食育推進計画）」の一環
として、食育講師の人材バンクである「元気うわじまサポートバンク」（以
下「サポートバンク」という。）を運用している。サポートバンクには、
様々な食に関する知識や技術を持つ個人や団体が登録され、市内の「健康づ
くり」や「食育活動」を支援している。地場産物食育推進事業もサポートバ
ンクを活用して講師派遣を依頼する流れで行なっており、適切な講師をスム

図5　元気うわじまサポートバンク運用のフローチャート（筆者作成）

ーズに見つけることができている。

　サポートバンクは年1回連絡会を開催して、登録者同志が情報交換を行っている。その際には「講師のコラボレーション」等も提案され、登録者同士の輪が拡がっている。ボランティア意識の高い登録者の活躍により、市内で食育を実施しやすい環境が整っている。

5．おわりに

　食育活動の後、農業者である講師が片付けをしながら「さあ、これでまた頑張れる」とポツリとつぶやいた。後日、その意味を尋ねてねてみると、「農業者は、自分の作った作物が食べられる様子を見る機会がほとんどない。だから、純粋な子どもたちが食べてくれて、感じたままを述べてくれるのはとても参考になる。また、『おいしい』と喜んでくれる姿は、すごく仕事の励みになり『頑張ろう』と思う気持ちが沸き起こってくる」と教えてくれた。

　地場産物食育推進事業は「子どもに対する食育」であるが、関係者が目的達成を目指して連携することにより様々な相乗効果を生み出している。講師においても、子どもに知識を与えるだけでなく、反対に子どもから受け取るものもある。また、市においても、福祉行政として、この事業を実施しているのであるが、「地産地消の推進」「地場産業の振興」など本来の目的でない範囲にまで、間接的な効果が結びついていく。これが「共創」の力なのであろう。

　本事業に協力していただいている講師は、全て、仕事に対する熱意が強く、探求心が旺盛で、地域に対する強い愛情と誇りを持っている。このような講師だからこそ、「共創」の力が強く発揮でき、将来を担う子ども達に多くの学びをもたらすことができるのだと実感している。

　保育所等は、子ども達が一日の大半を過ごす場所である。また、「地域の子育て支援の核」としても重要な役割を担っており、「食育実践の場」、そして、「食育の情報発信場所」としての拠点であると考えている。保育所で子どもや保護者が集い、地域協働の中で子どもの発育・発達段階に応じた「保育所食育活動プログラム」を実践して、「楽しく食べる子ども」の姿を共創していくことは、食育のみならず地域再生に向けた有意義な活動になると確信している。

謝辞

　本文を研究するにあたり、有益なご助言を賜りました愛媛大学副学長　若林良和先生、愛媛大学地域マネジメントスキル習得講座の講師の皆様に、心から感謝申し上げます。

　また、「地場産物食育推進事業」を実施するにあたり、ご協力いただいている生産者等の講師の皆様に、深甚なる敬意を表します。

文献

若林良和（2008）：ぎょしょく教育　愛媛県愛南町発水産版食育の実践と提言、筑波書房
堤ちはる・土井正子（2020）：子どもの食と栄養、萌文書林
宇和青果農業協同組合（1996）：宇和青果農協八十年のあゆみ、佐川印刷
愛媛県かん水養魚協議会（1998）：愛媛県魚類養殖業の歴史、佐川印刷

第6章

地域の食文化創造と共創ネットワーク
―地域に根ざした「霧島・食の文化祭」の可能性を探る―

千葉　しのぶ

1. はじめに

　筆者は2004年1月に霧島食育研究会（以下、研究会と略す）を発足させ、翌年9月にNPO法人化した。研究会は同年11月に第1回「霧島・食の文化祭」を開催し、その後、2020年まで合計17回実施している。

　筆者自身、研究会の発足まで、遠くにあるもの多くの人間が集まる場所が輝き、そこで競い勝つこと、人より優れていることで「幸せ」と感じる人の心理に違和感を持ちながら、この地で生きる喜びとは何か、明確な答えが出せないでいた。そして、この地に暮らす人々が、効率よく更に便利にと都市的なものをめざすがゆえに、連綿と紡いできた「在来の文化」は軽んじてきたのではないか、そして、この地独自の生活文化や食文化が失われつつなるのではないかという漠然とした恐れを抱いてきた。他方、筆者を含む多くの人々は、この地に生まれた子どもが都市生活者の一員となるべく経済発展をめざす道への教育を重視して来たことは否めない。

　その結果、時代は行き詰まり、都会も農村も家庭や個人も孤立する中で、その地で生きる喜びを感じにくくなったように思う。そこで、筆者は、もう一度、自分の足元にあるものを見つめなおすことはできないか、改めて丁寧に見つめることで「もう一つの道」を探したいと感じるようになった。それが「霧島・食の文化祭」に取り組み続ける原動力につながっている。

　そして、霧島に生きる人々の声に耳を傾け、その学びの中から、今を生き

るひとり一人の拠りどころを見つけていきたいという筆者の思いは、研究会員および共創関係をもつ様々な世代やキャリア、思いをもつ人々との関係性をもとに、「霧島・食の文化祭」として結実した。これは17年を経て、その時々の変化を受け入れつつ、内容の多様性、個人の主体性や自主性を基軸に、綿密な連携を維持しながら展開されている。

　ここでは、研究会の主催する「霧島・食の文化祭」が、地域のステークホルダーとの共創により、どのような価値を生み出し、地域に根ざした食育実践につながっているかを検討する。また、「霧島・食の文化祭」を起点とした事業展開や波及効果を明らかにして、地域に密着した食育イベントの将来性について考える。

２．NPO法人霧島食育研究会の実践活動

（１）霧島市の概要

　研究会の活動拠点である霧島市の概要を述べておく。霧島市は、霧島市市役所ホームページのデータによると、鹿児島県本土のほぼ中央部に位置し、北部は国立公園である風光明媚な霧島連山を有し、南部は豊かで広大な平野部が波静かな錦江湾に接し、湾に浮かぶ雄大な桜島を望むことができる。2005年11月7日に1市6町（国分市と姶良郡の溝辺町、横川町、牧園町、霧島町、隼人町、福山町）が合併して霧島市が誕生した。2021年1月現在の人口は約125,000人で鹿児島県2位の人口規模を有し、高齢者率は約27.6%である。2007年8月、市民3000人を対象として実施された「食育に関する住民アンケート」では、食育に関心がある人は85.3%であり、内閣府「食育に関する意識調査」（2007年3月）の70%と比べて高い結果であった。

（２）研究会活動の方針と内容

　研究会の活動は「食を大切にする文化を創る」という目標を掲げた食育活動である。「学ぶ」「創る」「耕す」「つながる」という4つの活動方針をもと

写真1　霧島たべもの伝承塾（撮影：峯下清孝）　写真2　霧島・食の文化祭（撮影：峯下清孝）

写真3　霧島畑んがっこ（撮影：峯下清孝）　写真4　棚田食育士養成講座（撮影：沢畑幸代）

に取り組んでいる。

　まず、「学ぶ」活動は調理や座学、体験を中心した学習である。「霧島たべもの伝承塾」や「かごしま郷土料理マイスター講座」、「食べ物づくり体験」、「講演の受講」がある。（**写真1**参照）次に、「創る」活動は「霧島・食の文化祭」であり、その構想から準備、当日および事後の作業すべて含めた活動である。詳細は後述する（**写真2**参照）。「耕す」活動は霧島の田畑を使用した「植え方から食べ方まで」の学習であり、事業名は「霧島畑んがっこ」である。（**写真3**参照）「つながる」活動は「棚田食育士養成講座」をはじめ、他団体の研修受け入れなど教育や研修で活動を共有し、団体や人の交流、および連携を目的にした活動である。（**写真4**参照）それぞれの活動は参加者の在住範囲を限らずに実施している。

3.「霧島・食の文化祭」の開始

2004年11月に実施した第1回「霧島・食の文化祭」に関して、開催に至った経緯と、メインの取組である「家庭料理大集合」の準備段階における気づき、及び開催結果を整理する。

（1）宮城県宮崎町「食の文化祭」への共感から始まった「霧島・食の文化祭」

筆者は、2004年1月、『食文化活動』（農山漁村文化協会刊）に掲載された宮城県宮崎町（現在の加美町）の「食の文化祭」の記事を読み、その活動に興味を持った。記事には、その発足から実施までの経緯、それを発案した結城登美雄のコメントがあった。結城の提唱した「食の文化祭」は、地域住民が、各家庭の家庭料理を持ち寄り展示するという「家庭料理大集合」という形態であった。筆者は、「当たり前の食事の中にこそ宮崎町らしい食文化が隠れているのではないか」「持ち出せない資源〈ありのままの食〉こそが地域の活力になるのではないか」という結城の考えに感銘を受けた。これは、研究会の「食を大切する文化を創る」という活動目標に完全合致し、その土地の生活者の視点に立った、地域に根ざした食育活動の原点だと考えた。その後研究会員と協議し、霧島での「食の文化祭」の開催を目指すこととなった。

（2）「食べものにはドラマがある」：家庭料理大集合での気づき

2004年3月、第1回「霧島・食の文化祭」開催にむけて実行委員会が組織された。実行委員は研究会員を中心とし、霧島町食生活改善推進員、霧島町女性団体連絡協議会、子育てサークルなどの市民団体の代表、高校生ボランティアサークル、霧島町役場保健福祉課などの職員など、様々な分野での食育実践者19名であり、その年齢層も10歳代〜60歳代であった。実行委員会の会議において、「子や孫に伝えたい霧島の食は何ですか」というテーマを設

定し、メインの企画として「家庭料理大集合」が位置づけられた。「家庭料理大集合」の募集では、口コミを重視し、実行委員が家族や友人、近隣の知人、職場の同僚などに直接、呼びかける形をとった。当初の実行委員からの報告によると、募集過程では、多くの人が「自分の料理は価値がない」という思いを持ち、家庭料理の展示に否定的であった。しかし、時間をかけて丁寧に聞き取りをすると、実は、ひとりひとりが、人生の中で心に残る食の思い出を持っていることが分かった。その一端を以下に示しておきたい。年齢は2004年当時である。

【Yさん（女性、64歳）】

　　今までに食べて一番おいしかったのは「昭和21年ごろ食べたおにぎり』。昭和15年生まれの私は、終戦直後の昭和21年ごろいつもおなかをすかせていた。近所で葬式があるときは、手伝いに行った母が白米のおにぎりを一個もらって帰ってくるので、とても楽しみだった。おにぎりを半分にして3歳の弟と食べた。母はその後、私が21歳のとき53歳で亡くなった。私は今、孫が4人いる。何かおいしいものがあると、孫に食べさせたいと思う。そして、えびと刺身を食べると母に食べさせたいと思う。母は、何もご馳走を食べることなく死んでいったから。

　上記のような事例をはじめ、実行委員がそれぞれのフィールドの中で、聞き取りを通して、地域住民一人一人が持つ心に残る食の思い出が、その人の人生に大きな影響を与え続けていることが認識できた。さらに実行委員会で、それらの出来事を共有することで、実行委員自身が「食べ物にはその人それぞれのドラマがある」と強く感じることができ、こうした経験が「霧島・食の文化祭」の開催の意義、独自性、開催に向けたモチベーションを高めることができたと思われる。

（3）「霧島の食文化」の評価と地域活性化

　2004年11月13日、第1回「霧島・食の文化祭」が開催された。当日のスタッフは実行委員に、実行委員の属する団体の構成員や職場、知人、家族が加

わり約70名となった。当日の来場者
は約500名に達し、メイン企画の
「家庭料理大集合」では、料理出展
者は10歳未満から80代までの150名
に及んだ。出品料理の例を紹介する
と、「亡き母が作ってくれた豆腐の
いいあげ（炒り煮）」（50代女性）、
「養女として育ててくれた父が作っ
てくれたやっだご（焼き団子）」（60

写真5　家庭料理大集合レシピ集（撮影：
　　　　吉国あかね）

代女性）「結婚して最初に作ったカボチャのコロッケ」（40代女性）「運動会
の日に母にリクエストする海苔巻き」（10代男性）など、単なる料理の持ち
寄りではなく、一品の料理の中にその人の人生の中で、大切な人や出来事、
思い出を如実に映し出されたものであった。出品された料理は、すべてレシ
ピ集として記録している。（**写真5**参照）来場者アンケートによると、「食を
文化とする発想が素晴らしい」「霧島の食を宝として大切に伝えてほしい」
「多くのスタッフの協力している様子に感激した、町の活性化につながる」
などの評価を得た。この企画は「霧島の食文化」として認知され、「食文化
を通した地域活性化」につながるものとして大きな期待が寄せられているこ
とがわかった。

4.「霧島・食の文化祭」の軌跡

　前述のように、第1回「霧島・食の文化祭」は、様々な年齢層、キャリア
を持った人材が、スタッフや出品者および来場者として集結し、霧島独自の
食文化を体験することができた。その後も、毎年、開催してきたが、研究会
の活動内容、外部からの評価は、常に変化を伴っている。過去17年間の取組
を紹介するにあたり、3つのポイントから整理しておきたい。具体的には、
第1に、取組内容や数量、及びスタッフ数・来場者数が地区外へと拡大し、

それを是正すべく、地区内への集中を判断した第1回から6回までの活動、第2に、各17回の個別テーマに基づいた活動内容の変化、第3に、新型コロナウイルス感染防止対策を講じて開催した第17回を紹介したい。

（1）地域外拡大から地域内集中へと方針転換

　第1回「霧島・食の文化祭」はターゲットを霧島町内とし、霧島町民向けに「霧島の食育・食文化」の発掘や発信を行った。第2回（2005年）は市町村合併により、ターゲットを霧島地区内のみならず、合併した霧島市全域とし、青少年育成団体や食育活動団体の協力を得て実施した。（**写真6**参照）

　2006年以降、農水省の「民間における食育活動促進支援事業」の採択を受けて、その活動は全国へも発信するものになった。小学生から大学生までの青少年がスタッフになって運営するようになり、「霧島・食の文化祭」を青少年の健全育成の場と捉える機会にもなった。『あしたのまちくらしづくり活動賞』の「内閣総理大臣賞」受賞をはじめ、他にも数多くの受賞し、県内外での認知度が高まり、「霧島・食の文化祭」＝「霧島の食育」というイメージが形成される中で、第3回（2006年）、第4回（2007年）が開催された。第5回（2008年）は、大幅に協働体制が広がり、霧島市内の高校、鹿児島県庁、九州農政局などの行政、およびマスコミ、食品産業などとの協働も展開された。さらに、霧島市外からの食育活動団体やまちづくり団体の参加が多くなり、スタッフも200名に膨れ上がり、来場者も大きく拡大して1500名に達した。だ

写真6　第2回　霧島・食の文化祭ポスター
（撮影：峯下清孝）

102

が、研究会員、実行委員の間で、イベントとして大規模になりすぎて、霧島の食文化の発信というイメージが拡散してきたという違和感が共有されることとなった。

第6回（2009年）においては、前年度までの拡大路線から方向転換して、今一度、「霧島の普段着の食」を中心に置くことにした。実行委員会全体で意思統一を図り、「家庭料理大集合」で霧島市民の出品を促すとともに、食育実践団体等の食育活動発表も意識的に霧島市内の活動に重点を置いた。そして霧島の暮らしに焦点をあて、その暮らしの中から「ここにあるもので、今まで無かったものを創る」というコンセプトのもとで実施した。その結果、スタッフ数や来場者数共に減少したものの、来場者アンケートでは「以前よりパワーアップしている」「霧島の食文化の奥深さがとても印象的に表現されている」「食文化をこれからも追求し続けてほしい。ますますの活躍を期待している。」など、活動自体の深化、継続の重要性、質的な拡充を評価するものが多く見られた。

（2）テーマ設定による郷土料理の探究

第1回から17回までに及ぶ「霧島・食の文化祭」の一貫した大きなテーマは「子や孫に残したい霧島の食は何ですか」である。その中で、メイン企画である「家庭料理大集合」では、「ばあちゃんの100年レシピ」や「時空を超えたお弁当」「コンコン（つけもの）大集合」など、料理を持ち寄る人が視点を変えて、できるだけ参加しやすい工夫をしてきた。

そうした中で、第10回（2013年）ごろから、「霧島・食の文化祭」以外の研究会としての活動も、「かごしま郷土料理マイスター講座」をはじめとして、霧島を中心としながらも鹿児島県全体の食文化を視野に入れる活動が充実してきた。そこで、第14回（2017年）より、各回で独自の小さなテーマを設定することにした。第14回は「みそのある私たちの暮らし」、第15回（2018年）は「150年100年50年レシピ」、第16回（2019年）は「お米と私たちの暮らし」が、それぞれの小テーマである。

　まず、第14回で、小さなテーマを「みそのある私たちの暮らし」にした理由は、鹿児島県の郷土料理の特徴としての、みそ料理の多さにある。これまでの「家庭料理大集合」に出品された料理や県内各地の郷土料理の聞き取りなどで判明した、みその多様な使用法に着目して、「家庭料理大集合」の募集は、みそ料理を中心に行った。その結果、134品の出品料理のうち、約50品ものみそ料理を展示し記録することができた。また、ワークショップにも「我が家のみそ比べ」や「みそ仕込み体験」を企画し、食育活動の発表も、みそを題材にした県内短大生によるオリジナル紙芝居が行われた。

　次に、第15回を開催した2018年は明治維新150年目の年であり、幕末から明治維新まで歴史が大きく注目された。そこで、「150年100年50年レシピ」という小さなテーマで、鹿児島県の食文化を50年ごとに区切って展示することにした。150年前の明治維新のころ食べられていたもの、100年前に生まれた人が作って食べていたもの、おおよそ50歳以上の人が幼い頃から食べているものと3つのパートで再現して展示を行った。

　また、第16回の小さなテーマは「お米と私たちの暮らし」として、「家庭料理大集合」は米料理を中心に募集した。183品の出品料理のうち約70品が米料理の展示となった。また、ワークショップでも、数種類の米の食味を評価する「利き米ワークショップ」、そして、「一個のおにぎりから見える私たちの暮らし」と題したミニ講演等を実施した。（**写真7**参照）

　このように開催年ごとに、独自

写真7　第16回霧島・食の文化祭ポスター（撮影：吉国あかね）

の小さなテーマを設定することで、特徴的な調味料や食材、時代ごとの食生活の変化に焦点をあて、実行委員自身も新たな興味を持つことができ、「家庭料理大集合」の出展者、来場者も多面的な視点から、鹿児島や霧島の食文化を体験でき、郷土料理の本質を探究できる機会にすることができた。

（3）コロナ禍に対応した取組

　第17回（2020年）は新型コロナウイルス感染拡大の中、感染防止対策を講じて開催した。小さなテーマは「離れているけどつながっている」とした。これは、現在の社会状況を考慮しつつ、南北600キロの鹿児島県の各地の食文化、世代を超えた食の記憶は、決して離れて存在するのではなく、各地の人の思いや心意気が、連綿と人と人、人と土地をつなげてきたことをテーマとして表現したものである。これまでの食文化を学び直し、さらに未来を考える機会になることを願った開催となった。

　新型コロナウイルス感染防止のために、会場提供の霧島市役所等と協議を重ね、入場者制限、スタッフ数の制限および事前の衛生教育など様々な対策を講じて実施した。特に、会場内は人の動線が交差しないように配慮し、見学ルートも一方通行になるように設営した。混雑が予想された「家庭料理大集合」は一般募集を中止し、「100年先にも伝え継ぎたいふるさとの食50選」として実行委員が50品の料理を選んで展示した。当日の来場者は約220名と、例年の半数以下であったが、来場者アンケートでは、「満足」が99％に達した。そして、「コロナ対策がきちんとされている中での開催に感謝する」「今年も開催してもらってよかった、いつもと違った展示もまたよかった」「食文化を継承している活動に感銘を受けた」など、コロナ禍の状況を受け止めつつ、さらなる食文化の継承に期待する声が多かった。また、当日スタッフを対象に行ったアンケートでも、「準備段階より十分に検討を重ね、しっかりとしたテーマをもって安全に実施できたことで自信がついた」「このイベントに対する来場者の期待が大きいことが再確認できた」と納得のいく成果を得た。したがって、「霧島・食の文化祭」を通した食育実践は、それぞれ

のセクションの課題を整理し解決するために、それぞれの立場から叡智が集められ、目的を完遂したものと判断できよう。

5.「霧島・食の文化祭」の成果と共創過程

(1)「霧島・食の文化祭」の成果

　「霧島・食の文化祭」実施状況の変化とその対応を整理したが、過去17回の開催で、累計的にみると、スタッフ数約2,000人、来場者数約12,800人に達し、「家庭料理大集合」の出品数にいたっては2,200品を超えた。

　そして、地域や家庭で受け継がれてきた伝統的な料理や作法などを継承し伝えている割合をみると、鹿児島県全体（2016年度県政モニター調査）で63.5％あるのに対して、「霧島・食の文化祭」参加者（当日の来場者アンケート）は2017年度73.5％、2018年度75.6％、2019年度78.8％と非常に高い結果となり、意識と行動が定着しているのが明らかになった。

　さらに、県産農林水産物を意識的に購入している割合は、鹿児島県全体（前述の調査）で77.3％であるのに対して、「霧島・食の文化祭」参加者は2017年度89.1％、2018年度89.3％、2019年度90.3％と極めて高い結果であったことも特筆しておきたい。

　そして、「霧島・食の文化祭」参加に対する満足度は、参加者の「満足である」という割合は第6回〜第17回の平均で99％（「はい」の回答4,203/アンケート回収数4209）に、さらに、スタッフの「満足である」という割合も99％（「はい」と回答1037/アンケート回収数1047）であった。

　以上のことから、「食を大切にする文化を創る」という研究会の目標が、様々な主体と共に創り上げてきた「霧島・食の文化祭」を通して十分に実践されてきたと言えるだろう。参加者とスタッフの満足度も高い上、「食文化の継承」と「地産地消」が確実に実行されてきたことが明らかになった。

（２）「霧島・食の文化祭」をめぐる共創過程

　研究会の目標達成に貢献している「霧島・食の文化祭」は、多様な立場、異なる分野の主体が、共に対話し行動する中で、課題の解決に向けた取組を創り上げている。このことはまさに、「共創」そのものである。

　ここでは、「霧島・食の文化祭」を基にしたネットワークの形成過程、換言すれば、目標達成にむけた「共創」のプロセスを検討する。「霧島・食の文化祭」の実施に向けて人的なネットワーク、つまり、「共創ネットワーク」がどのような形で拡がっていったのかを具体的にみていく。ここで取り上げるのは、開始となった第１回（2004年）、最近の第14回（2017年）の２回分である。

　こうした２回分の「共創ネットーワーク」を次のような要領で数量化して例示的に図化した。まず、黒線は共催関係を示す。黒の矢印が担い手であり、ptで示し、実行委員１人につき１pt、当日スタッフ10人で１ptとした。これは実行委員会および準備等の日数、作業の内容を考慮して積算した。白抜きの矢印は経費を示し、10万あたり１ptとした。点線の矢印は「霧島・食の文化祭」以外の事業・講演等の関係である。参加者および講演聴衆者は、50人単位で１ptとして積算し、行政機関をはじめ各種の審議・委員会への出席等を１回１ptとした。

１）第１回における共創の状況

　第１回はターゲットを霧島町民とし、「霧島の食育・食文化」発掘や発信を行った。資金は霧島町保健福祉課より「健康づくり事業」の一環で約20万の支出の助成を受けた。図１のとおり、研究会が中心となり、霧島町食生活改善推進員連絡協議会と霧島町女性団体連絡協議会の代表が実行委員となり、３団体で主催するなど、人材も地域住民が多くを占めた。さらに、霧島町役場の支援を人的動員という形で受けるとともに、個人的なつながりでのネットワーク形成が図られて「霧島・食の文化祭」は実施された。

図1　第1回「霧島・食の文化祭」における「共創ネットワーク」状況

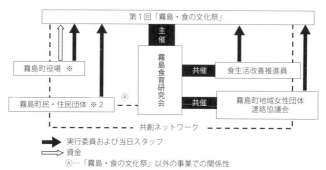

〈具体的な共創組織〉
※1　霧島町 保健福祉課 産業振興課
※2　ジュニアボランティアサークル「あすなろ」よみきかせサークル「紙ふうせん」
・竹田医院患者グループ「こころ」・子育てサークル「ひまわり」、特別養護老人ホーム「翔朋園」その他有志
Ⓐ「霧島食育プログラム」受講者
資金　霧島町　健康づくり事業　20.0万円
（2004年第1回「霧島・食の文化祭」実行委委員会資料を基に筆者が作成）

2）第14回における共創の状況

　第14回は**図2**のとおり、霧島市役所、霧島食育サポータークラブ、及び、かごしま郷土料理マイスター協会との共創が強くなっているのが特徴である。霧島市役所の健康増進課と農政課は実行委員会に参画して運営にも加わっている。霧島食育サポータークラブは、研究会の活動を運営面でサポートする団体、かごしま郷土料理マイスター協会は、研究会主催のかごしま郷土料理マイスター講座の修了生で組織されている団体であり、共に「みそのある私たちの暮らし」という小さなテーマに則した展示、ワークショップ等の運営を担当した。

（3）共創による「霧島・食の文化祭」の可能性

　「霧島・食の文化祭」の展開過程をみると、まず、研究会の活動を基本に、食育活動を共有する地域の食生活改善推進員連絡協議会や女性団体連絡協議会との共催関係、さらに、地域の行政との人的・物的な支援によって実施基盤が確保された。そして、地域内外の住民を「家庭料理大集合」の出品者、

図2　第14回「霧島・食の文化祭」における「共創ネットワーク」状況

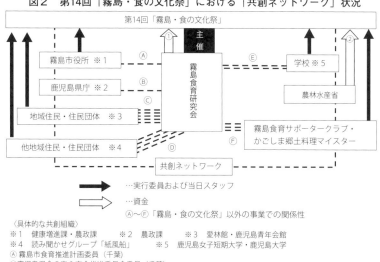

　　　　　…実行委員および当日スタッフ

　　　　　…資金

　　　　　Ⓐ～Ⓕ「霧島・食の文化祭」以外の事業での関係性

〈具体的な共創組織〉
※1　健康増進課・農政課　　　※2　農政課　　　※3　愛林館・鹿児島青年会館
※4　読み聞かせグループ「紙風船」　　　※5　鹿児島女子短期大学・鹿児島大学
Ⓐ霧島市食育推進計画委員（千葉）
Ⓑ鹿児島県食の安心安全推進委員会委員（千葉）
Ⓒ・Ⓓ「霧島畑んがっこ」「かごしま郷土料理マイスター講座」「霧島食べ物伝承塾」「棚田食育士養成講座」等
の参加者および講演および研修の受け入れ
Ⓔ常勤および非常勤講師（千葉）
Ⓕ「霧島食べ物伝承塾」「かごしま郷土料理マイスター講座」の参加、「霧島畑んがっこ」の運営アシスタント
資金①　霧島食育研究会　自主財源43.4万円
資金②　地域の魅力再発見推進事業22.6万円
（2017年第14回「霧島・食の文化祭」実行委員会資料を基に筆者が作成）

　また、来場者として、その関係性を構築し、霧島の食文化に関する価値が共に創り上げられた。したがって、「霧島・食の文化祭」の継続的な開催は霧島の食文化の発掘や継承活動を盛り上げるきっかけになったと言える。

　次に、実行委員会は「霧島・食の文化祭」において食文化継承というイメージアップを図り、地域内外に対する周知徹底を図るために、一旦は拡大路線をとった。しかし、地域密着の取組へと方針転換する中で、実行委員会で意志疎通を図り、方向性や価値観の共有を推進して「霧島・食の文化祭」を立て直した。このことは、立場の異なる主体が協働し、自らが暮らす地域である霧島にとって何が重要で有益なのかを再認識し、霧島でしか得ることのできない新たな価値を創造しようとしてきた結果だと言える。

　また、各年で発生した課題を解決するために、様々な創意と工夫を凝らし

て「霧島・食の文化祭」を開催してきた。これは、実行委員や当日スタッフのみならず、「家庭料理大集合」の出品者や来場者などが保持する、貴重な食経験や才能、食に関する柔軟な視点などが結集したことが大きい。「霧島・食の文化祭」の実施を通して、霧島市内外の多様な立場の主体が、その時々の課題解決に向けて対話を重ね行動を共にする中で、地域や世代を超え、霧島という地域の食文化を総合的で、かつ、リアルに把握できるようになったと言えよう。

6．おわりに

　「霧島・食の文化祭」は、来場者として参加した人たちに共鳴と共感を喚起し、鹿児島県内の徳之島や屋久島、沖永良部などのほか、東京都奥多摩市などにおいて、新たな「食の文化祭」が展開されることになった。また、「霧島・食の文化祭」の「家庭料理大集合」、「郷土料理教室」などの開催によって食文化に関する情報や知識を活用して、研究会の活動実績は2020年12月末現在、主催事業数1050回、講演数650回、新聞やテレビなどメディアでの郷土料理等のレシピ紹介は約200回に達している。また、2020年12月には、『はじめての郷土料理　鹿児島の心を伝えるレシピ集』も出版された。（**写真8**参照）

写真8　鹿児島の心を伝えるレシピ集　はじめての郷土料理（燦燦舎2020）（撮影：鮫島亮二）

　「霧島・食の文化祭」の開催をはじめ、研究会を中心とした共創による食育活動は、時代の変化を受けいれつつ、多様性を保持し、霧島という地域の生産や消費のつながり、暮らしの中の食文化を丁寧に見つめ、思いを新たにして発信し続けている。

　今後も「霧島・食の文化祭」を通して研究会の目標「食を大切にする文化を創る」に賛同する、様々な立場や視点、才能をもつ主体と共に、霧島で暮らす人々の心情に迫り、これまでの生き方、これからの生きがいについて丹念に光を当てていきたいと考える。そして、霧島に生きる喜び、辛さを「誇り」と捉え、その「誇り」を継承していくこと、さらに、そうした価値を、共創関係を持てる主体と共に創り上げることが、「霧島・食の文化祭」に求められるだろう。無限の「価値の創造」に可能性を持ち続けることは、地域に根ざした食育活動の実践につながる「もう一つの道」であると思う。

謝辞

　2004年より毎年開催してきた「霧島・食の文化祭」は、まさに「共創」の精神で活動してきたNPO法人霧島食育研究会会員16名の力なくして不可能であった。常に、霧島という地域に根ざした食育活動を真摯に実践してきた皆さんに心より感謝したい。

文献

NPO法人霧島食育研究会ホームページ
結城登美雄（2009）：地元学からの出発、農山漁村文化協会
千葉しのぶ（2008）：『現代農業2月増刊』霧島・食の文化祭、農山漁村文化協会

第7章

SDGsと食育
―「ふれあい食堂」活動で孤食と食品ロスの解消を目指して―

皆川　勝子

1．はじめに

　筆者は、37年間高等学校家庭科教員として勤務し、その後、2016年4月から短期大学食物栄養学科で「栄養士養成」に携わっている。栄養士も2005年度から配置が始まった栄養教諭と同様「食育」推進の中心的役割が求められている。

　2005年施行された「食育基本法」を受けて、2008年中央教育審議会答申において小中高校および特別支援学校の学習指導要領総則に「食育」が明記され、学校の教育活動全体で取り組むことになった。さらに食育基本法の具現化に向けて、5年ごとに策定される食育推進基本計画に基本的な方針や目標について定めており、2016年度第3次食育推進基本計画（厚生労働省：2016～2020年度）では特に①朝食を欠食する子どもの割合を減らす②朝食又は夕食を家族と一緒に食べる「共食」の回数を増やすなど、「孤食対策」に関する記述が多い。

　また「食品ロスの削減の推進に関する法律」（略称　食品ロス削減推進法）が2019年5月に公布され同年10月に施行された。大量消費・大量廃棄が当たり前の日本では以前よりこの問題が指摘されている。

　ここでは、栄養士養成学科と地域活動実践との協働により実施してきた「孤食対策事業ふれあい食堂」（以下、「ふれあい食堂」と略す）と、それを発展させた「久米っ子わくわくクッキング」と「久米SDGs大作戦」を事例

112

とし、その意義について、共創の観点から検討し、SDGsの視点をふまえた
今後の活動のあり方を考察する。

2.「ふれあい食堂」による食育実践

(1) SDGsの意味

　SDGsとは「Sustainable Development Goals」の略称で、「誰1人取り残
さない」持続可能な社会の実現を目指すものである。国連加盟193か国が
2016年～2030年の15年間で達成するために掲げた17の目標とそれらを達成す
るための具体的な169のターゲットで構成され、2015年9月「国連持続可能
な開発サミット」で採択された。SDGsは発展途上国のみならず先進国自身
が取り組むユニバーサルなものであり、日本では2016年5月に総理大臣を本
部長とするSDGs推進本部が設置された。
　しかし、現在、日本が達成できていると言えるのは、2020年6月刊行の
『持続可能な開発報告書2020』によると、図1のとおり、「4質の高い教育を
みんなに」「9専業と技術革新の基盤をつくろう」「16平和と公正をすべての
人に」の3項目だけである[1]。現在は民間との連携、政府との連携、産官学

図1　日本のSDGsの達成度・進捗状況2020

との連携においてSDGsを推進していくために「SDGsアクションプラン 2020」が策定され、「食育の推進」は 8 つの優先課題のうち第 1 番目「あらゆる人々が活躍する社会の実現」の中に位置付けられている[2]。またSDGsと食育に関連する「食品ロスの削減の推進に関する法律」(略称　食品ロス削減推進法)が2019年 5 月に公布され同年10月に施行された。大量消費、大量廃棄が当たり前の日本では以前からこの問題が指摘されており、国の推計では2015年度に廃棄された食品2,842万トンのうちまだ食べられるのに廃棄された「食品ロス」は646万トンと全体の 2 割強を占めている。この数値は世界中の飢餓に苦しむ人々を支援する 1 年間の食料援助量の約 2 倍に相当する[3]。「飢餓をゼロにする」、これは日本を含む国際社会が2030年までに達成を目標とするSDGsの柱であると考える。

(2)「ふれあい食堂」による食育実践

　1)「ふれあい食堂」の概要

　社会活動家・東京大学特任教授の湯浅誠は自身のホームページの中で、「大事なことは、子どもが一人ぼっちで食事をしなければならない孤食を防ぎ、さまざまな人たちの多様な価値観に触れながら『だんらん』を提供することだ」とまとめている[4]。

　「ふれあい食堂」がある松山市久米地区は、松山市中心部から南東に位置し病院などの生活環境や公共交通機関も整備されている。人口は 3 万人を超え、市内41地区でも 3 番目に人口が多い地域であるとともに高齢化率も22.1 ％と高い。2014年に町内会を含む公民館、社会福祉協議会、PTA等で結成された「久米ふれあいタウンづくり協議会」は2016年 7 月に「ふれあい食堂」を開店した。というのも、栄養バランスのとれた食事や皆で食事を取ることの大切さを地域課題として子どもだけでなく高齢者、特に独居老人にも共通する「孤食」対策に取り組む「場」を提供するためである[5]。これは前述の湯浅誠氏の分類では「共生食堂」に該当すると思われる。

２）ふれあい食堂における参加者内訳数

　2016年７月の第１回から2017年４月の第30回までの参加者数は、毎回子ど
もが約10名で、同じくらい大人の参加者があり、リピーターが多いことが分
かった。また中学生の配膳ボランティア開始後は、中学生も小学生と同じく
らいの参加者があり、これまで毎回約45人分の食事を準備している。

３）調理ボランティアの活動内容

　「ふれあい食堂」は、毎週木曜日
の夕方６時から事前に申込をした
「１人で食事をしている」小学生と
地域の方が集まって一緒に食事がで
きる孤食対策事業である。食材は地
域の方からの寄付が多く、集まった
食材を使って地域で勤務する松山東
雲短期大学（以後、本学と略す）卒
業の栄養士が献立を作成するという

写真１　調理ボランティア（筆者撮影）

「フードドライブ」を先駆けた活動となっている。参加費用は18歳以上が100
円、18歳未満は無料である。

　調理は第１回目から地域の婦人会の方々と本学学生が主に行い、配膳は
2016年10月から参加を希望する中学生が行っている。（**写真１**参照）開催日
は夕方６時からみんなで揃って「いただきます」をし、食べ終わった食器類
は各自が洗い片付ける。食事後には希望者に学習指導も行っていて、地域の
新しいネットワークが育まれている。毎回、バスに乗って「ふれあい食堂」
に参加している女性から「１人で食事すると食欲もわかない。みんなで食べ
ると美味しいのよ。」という言葉が寄せられた。また「ナスとキュウリが嫌
い」と言っていた小学１年生の男子児童が、周囲の人の声かけによって「ふ
れあい食堂」に参加し始めて４ケ月を過ぎた頃には完食出来るようになった
事例もあった。

　本学学生たちからは、婦人会の方々と協力して行う食事づくりを通して

「学校で学べること以外に料理のコツもたくさん教えていただいて、家庭ごとに様々なこだわりがあることや料理に対する視野が広がり良い経験になりました。」という感想があった。そして子どもたちにとっても栄養バランスの良い食事内容とともに食事マナー、好き嫌い解消のきっかけ等多くのことが学べる「共食」の大切さが、本学学生にも十分に伝わった。

（3）「ふれあい食堂」調理ボランティア活動とSDGs

　久米ふれあいタウンづくり協議会が久米小学校と連携して、2016年11月と2018年1月に実施した「くめよい子生活アンケート」から「ふれあい食堂」の意義について考察する。

　（第1回2016年11月実施：回答855名、第2回2018年1月実施：回答868名）

　ふれあいタウンづくり協議会が久米小学校の児童を対象に行った2回のアンケートでは、「給食の時間は楽しいか」という問には2016年のアンケートで773名（90.3％）が、2018年のアンケートで788名（90.8％）が「はい」と答えており、その理由（複数回答可）で1番多かったのが「みんなと一緒に食べるから」で2016年525名（67.9％）、2018年553名（70.2％）であった。

　その他「朝ごはんは何を食べているか」という問では「食べない」が2016年は1.6％、2018年は1.7％だったが、「朝ご飯を食べる」と回答した児童の中にも「おかずだけ」「飲み物やくだものだけ」の小学生が2016年6.2％（約53名）、2018年5.6％（約48名）いることが分かった。また「夕食は誰と食べるか」という問では、2016年は「子どもだけで食べる」「ひとりで食べる」と回答した小学生が約80人（8.6％）だったが「ふれあい食堂」開始後の2018年1月には7.0％に減るとともに、「家族そろって食べる」と回答した児童が50.0％から54.4％に増加した。

　これらのことから、「ふれあい食堂」の趣旨である「共食」の重要性や「多様な世代とのふれあい」、食品ロスの削減等の意義が少しずつ住民の共感を得て、家族で一緒に食事をしようと努力している傾向が把握できた。

3．「久米っ子わくわくクッキング」の食育実践

（1）「久米っ子わくわくクッキング」の動機

　2018年度の本学学生たちが「ふれあい食堂」調理ボランティアに参加する中で、19時30分までに保護者が迎えに来ることができないために「ふれあい食堂」に参加できない小学生も多くいることに気付いた。そこで「栄養を学んでいる筆者たちが小学生にできることは何か？」についてみんなで意見を出し合い、夏休みに松山市の郷土料理を児童たちと一緒に作ったら良いのではないかと考え「久米っ子わくわくクッキング」を企画した。

　活動資金については、松山市の市民部市民参画まちづくり課の「まちづくり提案制度（2018年度松山市市民活動推進補助金次世代育成支援事業）」に応募し、活動資金を確保できた。

（2）久米っ子わくわくクッキングの実践内容

　1）目標

　目標は、「郷土料理を一緒に作って食べることにより、自分や友人・家族の健康に関心を持つ」「子ども達に簡単な料理を作れるようになってもらい、食の楽しさを感じてもらう」「郷土料理づくりを通して、自分たちが暮らしている松山のことをより深く理解し、松山市で暮らし続けたいと考える子どもたちが増えること」の3つである。

　2）メニュー

○おもぶりごはん　　○みかんゼリー

○麦（むぎ）味噌（みそ）のみそ汁

注）愛媛県松山市付近では「混ぜる」ことを方言で「もぶる」といい、混ぜごはんのことを「おもぶり」又は「おもぶりごはん」という。白ごはんに季節それぞれのおいしいものをもぶって（混ぜて）食べる（**写真2**参照）。

3）実践内容

・1回目8/20（月）久米小児童クラ
　ブ4～6年生計28名、本学の学生
　13名参加

・2回目8/22（水）久米小児童クラ
　ブ3年生計34名、本学の学生13名
　参加

①10：00～対面・松山の郷土料理の
　説明

②10：20～調理開始（松山の郷土料
　理を作って食べよう！）（**写真3**
　参照）

③12：30～試食（食べ終わったら、
　各自で片付け！）

④13：30～各班でゲームや食育カル
　タ等による交流

⑤14：00～解散

写真2　おもぶりご飯の配膳（筆者撮影）

写真3　調理実習（筆者撮影）

（3）結果

　まず、「こんなにおいしい物があるなんてびっくりした。」という小学生の
感想から、郷土料理である「おもぶりごはん」は現在では知っている人が少
ないことが分かった。また、「自分がつくった料理をみんなにたべてもらえ
てうれしかった。」「おもぶりごはんは作ったことがないので家で作って『お
いしい』といわれたい。」「今日はにがてな大根もみそしるにして、おいしく
たべることができた。」という小学生の感想から、「食べ物を大事にする感謝
の心、好き嫌いしないで栄養バランスよく食べること、地域の産物や歴史な
ど食文化の理解」などに気付く機会となり、石毛が述べている「人間は共食
する動物である。食を分かち合うことは心を分かち合うことである（「日本

の食文化研究」立命館大学：石毛直道　2015.7月 www.ritsumei.ac.jp/acd/re/ssrc/result/memoirs/edition.2020年6月17日閲覧）とおり、孤食傾向のある子どもと高齢者を対象に皆で一緒に食事をする「場」を提供する「ふれあい食堂」は「食育の場」であり、SDGsの目標のうち「3すべての人に健康と福祉を」「11住み続けられるまちづくりを」「12つくる責任つかう責任」に関連することが確認できた。

　本学学生からは「2回の料理教室を終えて、料理を通して繋がる人間関係があることを実感した。」「小学生はみんな一生懸命に話を聞き、興味を持って料理に挑戦していた。大学での学びを生かして地域の活性化に貢献できた。」と栄養士になる自覚につながった。

4．「久米SDGs大作戦」による食育実践

（1）「久米SDGs大作戦」の動機

　2019年度の本学学生たちは小学生が嫌いと回答する割合が多い「野菜」を「栄養的にも食品ロスの削減のためにも美味しく楽しく食べるためには」と考え、小学生が1人でも作る事ができ、野菜が好きになる献立を検討した。「食品ロス」が減ればSDGsについても考えるきっかけになると考えたからである。

　そして前年同様、松山市市民部市民参画まちづくり課の「まちづくり提案制度（令和元年度松山市市民活動推進補助金次世代育成支援事業）」に応募し、審査を経て、活動資金を得た。

（2）「久米SDGs大作戦」の実践内容

1）目標
　目標は「自分たちが栽培した野菜を使った料理を一緒につくり食べることにより自分や友人・家族の健康に関心を持ち思いやりをもって正しく行動できる子どもたちが増えること」「簡単な料理を作れるようになって『食の楽

しさ』を感じてもらうこと」「野菜を好きになってもらうこと」の３つである。

　2）メニュー

○旬の野菜たっぷりクリスピーピザ
（１人分：直径15cm厚さ３mm× ２
　枚／ 567kcal）

○牛乳とみかんジュースの２色ゼリー

（１個分／ 70.5kcal）（**写真４**参照）

※１人当たり合計637.5kcalとなり、
　小学校２・３年生の適正な摂取エ
　ネルギー量である。

写真４　クリスピーピザと２色ゼリーの配膳（筆者撮影）

　3）野菜づくりの挑戦

　今回の活動を開始するにあたり、
食品を扱う栄養士を目指す学生の学
びの一環として「食」にかかわる上
で欠かせない「農業」の知識を学び
たいと考えた。そこで学生たちの思
いに賛同してくれた愛媛大学附属高
等学校で、高校生と一緒に農業の授
業に参加することになった。子ども

写真５　小学2・3年生の1日の野菜摂取目標量300ｇ（筆者撮影）

たちに野菜を好きになってもらうために自分たちも頑張らないと！と気合い
が入る。農業を学んでいる高校生と一緒に栽培した野菜は「ナス、ピーマン、
おくら、ミニトマト、とうもろこし」の５種類である。（**写真５**参照）これ
に収穫済みだった玉ねぎと高校で栽培した柑橘を搾ってビンにつめた「みか
んジュース」を使って「野菜たっぷりクリスピーピザ・牛乳とみかんジュー
スの２色ゼリー」の献立を考え、試作を重ねた。今回の野菜は全て高校生と
大学生が協力して、栽培し収穫したものを使用した。

4）実践の様子

・1回目8/20（火）久米小児童クラブ3年生男女計28名、高校生4名、本学
　の学生15名参加

・2回目8/23（金）久米小児童クラブ2年生女子計18名、高校生4名、本学
　の学生15名参加

①9：30〜対面・SDGs等の説明

②10：00〜調理開始（旬の野菜をたっぷり残さず食べよう！）

・2色ゼリー作り：ゼリーとシロップは早めに作って冷やしておき最後に固
　まったゼリーにひし形の切り目を
　入れてシロップを注ぎ仕上げにキ
　ウイをトッピングする。

・ピザ生地作り：1人分の生地を厚
　さ3mm、直径15cm×2枚に広
　げ、各自で野菜をたっぷりトッピ
　ングしてピザを焼く。

写真6　ピザ焼き（筆者撮影）

・公民館の調理器具の都合でフライ
　パンと魚焼きグリルを使用する。
　（写真6参照）

③12：00〜試食する。

④13：00〜班ごとに片付け、感想の
　記入と発表する。

⑤14：00〜SDGsのバッヂをお土産
　に解散する。（写真7参照）

（3）結果と考察

写真7　おみやげの缶バッジ（筆者撮影）

1）小学生へのアンケート結果

　2020年1月に「ピザ作り調理実践のその後」についてアンケートを行い、
SDGs大作戦に参加した小学生46名のうち、29名から回答を得た。アンケー

ト結果から「ピーマン」や「トマト」は「好き」「嫌い」の個人差が大きい
ことが分かった。ただ「ナス」はほぼ小学生全員が嫌いな野菜であると言っ
ても過言ではないが、「ナス」を「ピザ作りで好きになった」と回答した小
学生が3名いた。

　また実際に家でピザを作った小学生が9名いた。その他「初めて包丁をつ
かったので、家でもつかえるようになりたい」「いつも食べている量よりも
たくさん野菜がたべられた。野菜は1日にあれだけの量をたべないといけな
いことがわかった。」「なすがにがてだったけどおいしかった。」等の感想が
あり、家庭や学校ではいろいろな調理を一緒にすることが小学生の「食育」
に通じ、SDGsの「食品ロス」削減にも有効であることが確認できた。

2）高校生の感想

　高校生の感想としては、「最初会った時、いかにも小学生って感じでうま
くやっていけるか心配だった。でも調理を始めると、みんな割といろんなこ
とができて、大学生と協力しながらうまく料理を完成させることができた。
ナスの多さにみんな驚いていたけれど『これ全部食べなきゃいけないね。』
と小学生が口を揃えて言って、最終的に筆者たちの使う分も無くなるほどき
れいに食べてくれ嬉しかった。」という内容が多く、高校生が小学生から
学ぶことが多かったことが分かった。（**写真8**参照）

　また「野菜を作るときから大学生と一緒に活動して、食材に感謝の気持ち
を持つことが大事であることを再認識できた。SDGsの目標にも関わること
ができ、私も今後このような活動に
もっと参加したいと思うようになっ
た。」「本来ならば体験することので
きない野菜の量や、自分で作ったも
のを大勢で食べ合う喜びを知ること
ができた。SDGsは日本でも意外に
実現できていない項目があることを
知り、自分ができることはやってい

写真8　農業実習（筆者撮影）

きたいと思った。」という高校生の感想から、高校生と小学生、大学生と年齢も性別も違う人同士が「野菜たっぷりピザ」を作るという共通の目標のもとでコミュニケーションを取りながら協力し、お互いに学ぶ場面が多かったことが把握できた。

3）本学学生の感想

「小学校 2 年生と 3 年生ということでまだ調理の知識をあまり持っていないだろうと考えていたけれど、少し説明して手本を見せただけですぐに理解してくれて、とても驚いた。また自分達が育てた夏野菜をたっぷり使ったピザを残さず食べて『美味しい』と言ってくれたので、とても嬉しかった。これからは自分自身も好き嫌いせず生活したい。」「野菜作りに参加して、育てることの大変さを改めて実感した。今回の活動を通して『食』には本当に多くの人達が関わっているのだと改めて感じた。愛媛大学附属高等学校の方と一緒に野菜の苗を植えるという作業を通し、自分たちが実際に育てた野菜が子どもたちの健康の源となることがとても嬉しかった。」「一番印象に残っているのはピザの具材を小学生がいろんな盛り付け方をしていたことだ。例えば、人の顔や動物などを具材を上手く使って盛り付けていた。小学生はとても表現力豊かだと思った。」という本学学生の感想から、栄養士になるための知識と技術が SDGs の目標「2 飢餓をゼロに」「12 つくる責任つかう責任」に貢献できた。同時に「3 すべての人に健康と福祉を」「11 住み続けられるまちづくりを」に関連することが確認できた。

5．おわりに

地域の婦人会の方々、小学生、中学生、高校生、高齢者の皆様と栄養士を目指す大学生が互いに協力して実践した「ふれあい食堂」活動を「SDGs と食育」の観点から、**表 1** のとおり整理した。

2019年12月 1 日に、成育基本法（略称）「成育過程にある者及びその保護

表1　久米地区の「SDGsと食育」実践（筆者作成）

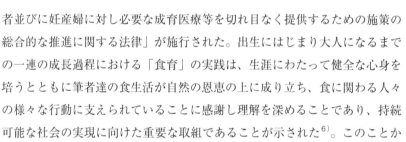

				対象者	活動内容	食育に関する内容	関連するSDGs目標
久米ふれあいタウンづくり協議会	→	婦人会 →	調理ボランティア → 食材等の寄付 →	ふれあい食堂	中学生	・配膳担当 ・ふれあい食堂に参加	・食事のマナーなどの社会性 ・食事の重要性 ・心身の健康 ・食べ物を大事にする感謝の心	
		町内会 →			小学生 高齢者	・ふれあい食堂に参加 ・食後は希望する小学生には学習指導がある	・食事のマナーなどの社会性 ・好き嫌いの解消のきっかけ ・食事の重要性 ・心身の健康 ・食べ物を大事にする感謝の心	
	→	大学生	調理ボランティア 調理実習指導	久米っ子わくわくクッキング		・小学生と一緒に郷土料理の調理実習	・調理は楽しい ・食べ物を大事にする感謝の心 ・地域の産物や歴史などの食文化の理解 ・好き嫌いしないで栄養バランスよく食べる ・食品ロスの削減	
				久米SDGs大作戦		・高校生と一緒に野菜づくり ・小学生と一緒に野菜たっぷりピザの調理実習		

住民みんなで地域課題の解決を目指す　＝　共創の食育活動

者並びに妊産婦に対し必要な成育医療等を切れ目なく提供するための施策の総合的な推進に関する法律」が施行された。出生にはじまり大人になるまでの一連の成長過程における「食育」の実践は、生涯にわたって健全な心身を培うとともに筆者達の食生活が自然の恩恵の上に成り立ち、食に関わる人々の様々な行動に支えられていることに感謝し理解を深めることであり、持続可能な社会の実現に向けた重要な取組であることが示された[6]。このことからも、食育実践は、立場の異なる担い手の協業による食育の価値共創の発想が不可欠であり、地域や世代を超えて食の価値共創をもとにした実践活動が求められる。

　表1のように、「ふれあい食堂」は、SDGsの達成を目指して、年齢・性別・生活環境等多様な立場の人たちが対話しながら新しい価値を「共」に「創」り上げていく「共創」の食育活動と位置付けられる。また「ふれあい食堂」を発展させた「久米っ子わくわくクッキング」「久米SDGs大作戦」も同様に、企画した大学生と参加した小学生だけでなく、野菜づくりに挑戦す

ることから大学生と高校生、また料理教室に参加することで大学生と高校生と小学生の学び合いが生まれ、食品、栄養、食文化などが深まった「共創」の食育活動であると言える。

　前述の「久米よい子アンケート」で、「夕食をひとりで食べる」と回答した児童が 1 回目4.0％（34名）から 2 回目2.4％（20名）に減少、「家族そろって食べる」と回答した児童が 1 回目50.0％（428名）から 2 回目54.4％（472名）に増加したことからも「孤食対策事業ふれあい食堂」が住民にも理解され支持され始めたことが実証された。同時に小学生を対象にした料理教室の実践では、調理は栄養士を目指す大学生の学びを深めるとともに、高校生、小学生の学びにも通じ、青少年期の食育として有効であることが検証できた。

　松山市は2020年 7 月に内閣府の「SDGs未来都市」33都市の 1 つに選ばれた[7]。そして松山市が提案した「"観光未来都市まつやま" 推進事業」は「自治体SDGsモデル事業（13都市）」にも選ばれ、率先して地域資源を活用して安全で循環に優しい町を目指していくことが求められている。

　今後は久米公民館における「孤食対策事業ふれあい食堂」を「共創によるSDGsと食育の実践モデル」として、まずは久米公民館内11カ所の分館においても実施出来る組織づくりを目指したい。さらに、松山市、そして、愛媛県内並びに日本全体で多くの人が実践できる内容・方法を模索していきたいと考える。

謝辞

　「ふれあい食堂」調理ボランティア体験や小学生対象の料理教室の実践では、場所の提供並びに貴重なご助言をいただいた久米ふれあいタウンづくり協議会の皆さま、活動資金を提供いただいた松山市市民参画まちづくり課さま、野菜づくり等の指導をいただいた愛媛大学附属高等学校の生徒・教職員の皆さまに心より御礼を申し上げます。

注

1）持続可能な開発報告書2020：ベルテルスマン財団、持続可能な開発ソリューションネットワーク（https://www.sdgs-japan.net/single-post/sds_report 2020）

2）SDGsアクションプラン2020：2019年12月SDGs推進本部

3）食品ロス削減法：消費者庁（https://www.caa.go.jp/policies/policy/consumer_policy/）

4）『子ども食堂』の混乱、誤解、戸惑いを整理し、今後の展望を開く　http://bylines.news.yahoo.co.jp/yuasamakoto/20161016-063123//2018年2月23日閲覧

5）（財）えひめ地域政策研究センター機関誌「舞たうん」2017年1月号6〜7ページ

6）成育基本法：国立成育医療研究センター（https://www.ncchd.go.jp/news/2019/20191202.html）

7）地方創生SDGs・「環境未来都市」構想：内閣府地方創生推進室（出典：国立研究開発法人　科学技術復興機構（2019）：SDGsへの取り組みを活用した 持続可能社会への移行加速）

第２部
世代重視の実践

第8章

漁家女性による魚食普及と地域活性化
―漁協女性部・女性起業家が次世代へつなぐ―

藤田　昌子

1．はじめに

　学生の頃より、地域の生活課題を解決しようと活躍する女性の活動に興味をもっていた。修士課程では、地元の福岡で、自分たちの住むまちを自分たちの手で住み続けられるようにしたいという想いから、生活支援や介護などの助け合い活動を行う住民参加型在宅福祉サービス団体について研究を行い、その後も介護系NPOなど女性が中心となって組織された地域福祉活動の研究を継続していた。愛媛大学着任を機に、漁村地域の女性に注目して調査研究に取り組み始め、今に至っている。

　現在、漁村が抱える過疎化、少子高齢化、環境問題、災害に対する脆弱性などの多くの課題は、いずれも持続可能性に関わる問題である。国際連合が2015年にSDGs（持続可能な開発目標）を掲げたことからもわかるように、このような問題は世界共通の課題であり、その背景には近年の環境・社会・経済の持続可能性に関する世界的な危機意識の高まりがある。また、基幹産業である水産業の不振、漁家所得の減少なども漁業・漁村を取り巻く喫緊の課題となっている。

　そこで、本稿では、漁家女性の「共創」による、幼児期、学童期、青年期、壮年期、高齢期という全世代を対象とした食育実践を素材に、宇和島市を事例として、地域生活課題に対する解決やニーズの充足という視点から分析し、漁村地域の活性化のあり方を考察することを目的とする。その際、漁家女性

の「共創」による食育実践活動を環境・社会・経済の3側面から総合的にとらえて分析する。

　ここでは、地域や水産業に関する諸課題に対して、養殖業に軸足を置き、地域資源を活用し、多様なステークホルダーを巻き込みながら取り組んでいくことを「共創」による食育実践としてとらえている。よって、事例対象とした漁家女性（漁協女性部・女性起業家）は、本稿を考察するうえで、以下の理由から適切であるとして選定した。まず、漁協女性部については、宇和島市にある漁業協同組合女性部（以下、漁協女性部とする）は、農林水産大臣賞、内閣総理大臣賞をはじめとする数々の表彰を受け、全国的にも高く評価されていることである。多様なステークホルダーとの協働による地域資源を利用した加工品の商品開発と、移動販売車による販売を通じて魚食普及や養殖魚のイメージアップ、地域・水産業のPR活動を続けた功績である。次に女性起業家については、前述の漁協女性部長を8年間務めた後、スジアオノリの陸上養殖を中心とした地方創生をめざした事業を起業し、女性新ビジネスプランコンペティションでソーシャルデザイン賞[1]を受賞して、高い評価を受けていることである。漁協女性部長退任後に開催された、「えひめいやしの南予博2016」（以下、南予博と略す）で、家業であるマダイ養殖の体験を交えた魚食普及や養殖漁業のPR活動を行った。そして、さらなるPRのために会社を設立し、スジアオノリの養殖業・鮮魚加工販売業・飲食店営業といった事業を展開している。

　なお、食育実践を展開するにあたり、水産業を支える自然環境の持続可能性も重要な要素であることから、自然環境への負荷軽減・維持・向上に関する活動も食育実践活動に含むこととする。

2．漁協女性部の共創による食育実践活動

　漁協女性部の食育実践活動は**図1**のとおりである。

（5）全世代を対象とした水産加工・移動販売事業

1）地域水産物の有効活用

　漁協女性部では、同漁協組合員が養殖したマダイ・ブリなどの規格外魚や加工場から出る端材を利用して、地域特産物の加工品の商品開発・販売した。例えば、鯛めしの焼きおにぎり、鰤の照り焼きを使った押し寿司、アコヤガイの貝柱カツなどの商品があり、食品ロスが世界的な問題となるなか、その軽減につなげた。

2）付加価値を高めた商品開発

　地域水産物の加工品の開発・販売は、多くの漁協女性部や漁家女性グループが既に手掛けており、従来どおりの家庭の味を売りにした鯛めしやお魚バーガー、海藻の加工品では独自性を打ち出すことが難しい。漁協女性部は、**表1**のとおり、愛媛県内の企業やレストラン、道の駅、旅館、教育機関などの専門家と協働し、商品開発を行ってきた。そして、協働して開発したものをそのまま商品化するのではなく、地域の食文化や食材、女性部のポリシー（食の安全性）にこだわり、女性部流の付加価値を高めている。

表1　専門家との協働

実施年	協働先	協働内容
2008 年	県内食品製造企業 A	レトルトの鯛めしのレシピ開発
2008 年～2013 年	県内食品製造企業 B	レトルトの鯛めしのレシピ開発
2009 年	デザイン会社	地区をイメージする統一デザイン
2010 年	市内イタリアンレストラン	じゃがいもアイスのレシピ開発
2010 年～	県内道の駅	じゃがいもアイスの製造（外注）
2011 年	県内老舗旅館	鯛めしのレシピ開発
2011 年～2013 年	県内調理専門学校	ヒジキを使った加工品のレシピ開発と指導
2014 年	県内水産高等学校	アコヤガイを使った加工品のレシピ開発 鯛めしの素のレシピ開発

（ヒアリングにより筆者作成）

3）地域の知名度向上・養殖魚に対するイメージ改善

　宇和島市内だけでなく、市外や愛媛県外での販売活動も増えるにつれ、県外はもとより県内でも地域の知名度が低いこと、愛媛県の海面養殖生産額は

全国第1位にもかかわらず、天然魚神話が強く、県内でも養殖魚に対するイメージに偏見があることが課題として浮上してきた。こうした課題に対し、消費者との対面販売を通じて地域全体を売り込むとともに、養殖魚のよさを理解してもらう必要性を認識し、2010年より水産加工・移動販売プロジェクトを開始した。

このプロジェクトでは、新たな水産加工品の開発、移動販売車の購入・整備、地域の海や魚を子どもたちに引き継ぐという想いを込めたデザインの作成などが進められた。移動販売車をはじめ全商品のパッケージ、持ち帰り用袋・箱、ユニフォームなどに統一デザインを用いることで、あらゆる場面で地域を感じとれ、一貫して地域ブランドをPRすることが可能となった。そして、対面販売のなかで養殖魚には人体にも環境にも配慮したエサを与えていて、安全性はもちろん品質が高いことを伝え、実際に商品を食べてもらうことで養殖魚の味の良さを体感してもらった。次第に養殖魚に対して客からのクレームはなくなっており、養殖魚への理解が進んだことを実感している。

4）女性部活動と家業や子育てなどとの両立

女性部活動を継続するにあたって、ネックとなっていたのが、家業や家事・子育て・介護との両立であった。そのため、従来は無償であった女性部活動に、地域水産物の加工・販売などにより資金を確保して時給制を導入し、女性部活動に参加するインセンティブが発生する仕組みに変更した。この結果、家族からの理解も得やすくなり、若い世代の部員も増えて、幅広い年齢層の部員を確保できた。また、作業工程の一部を外注することで、部員の時間や労力の負担を軽減した。

5）経済活動としての付加価値生産

県内外での地域水産物の加工・販売活動は、最高で年間80日を超え、売上も1,000万近くまで伸ばした[4]。前述したように、女性部活動に賃金を発生させることができ、収入が得られる経済活動となっている。このことは、漁家の収入増加にもつながっており、経済活動としての付加価値生産という経済的価値もみられるようになった。

（6）全世代を対象とした海を美しくする運動・合成洗剤追放運動

　以前はゴミを海に捨てていたため、船のスクリューにビニールが巻きついたり、立て網にゴミがかかったりする状況が生じていた。漁協女性部は1970年に海を美しくする運動を開始し、自分の家のゴミを海に捨てない、海岸に流れついたゴミは拾うという運動を続けた。その際、ゴミを処分するところが地区内になかったため、1971年から焼却炉無償設置運動を始め、漁協や地元の婦人会や青年団、老人クラブ、農協も巻き込み、当時の村役場を動かして3年目に全地域への焼却炉の無償設置を実現させた。海を美しくする運動を続け、宇和海には大きな工場排水もないため、きれいな海に変わったと思っていたところ、1973年に赤潮が発生し、大量の養殖魚が死んだことから、この運動だけでは限界があることを認識した。

　専門家を講師として招き学習会を重ね、赤潮の元凶である海の富栄養化の大きな原因が合成洗剤に含まれるリンであることを知り、合成洗剤の使用を中止し、石けんを使うという運動を漁協女性部が始めた。こうした漁協女性部の起こした運動に促され、漁協は1975年に全戸に粉石けんを配布した。しかし、住民の合成洗剤を使う習慣を変えることは容易ではなく、当初は使用を拒否する者もいた。1978年からは地域ぐるみの合成洗剤追放運動を展開し、964個の合成洗剤を回収し、1,694個の粉石けんを無償配布するという実績をあげた。このように、水産業を支える海の環境を守る運動に積極的に取り組んできたことがわかる。

（7）児童との廃油石けんづくり活動

　合成洗剤追放運動で粉石けんを無償配布するほかに、手づくり石けんを講習会などで広めていった。地元の小学校では1995年より石けんづくり活動を開始し、廃油を使った環境にやさしいEM石けんづくりに取り組んでいる。

（8）全世代を対象とした地域交流活動への参画

　子どもから高齢者までが参加する地区の市民運動会は2009年を最後に中止され、地域交流活動が減少していた。そこで、宇和島市が創設した地域づくり交付金を活用し、2014年に第1回盆踊り大会の開催と5年ぶりの運動会の復活にも女性部は参画した。盆踊り大会では、オープニングに女性部はEM石けんづくり体験、宇和島市役所は段ボールコンポストなどの実演を行った。地域交流の場だけでなく、海洋環境も含めた身近な環境問題を考える場の提供にも女性部は貢献した。

3．女性起業家の共創による食育実践活動

　女性起業家の食育実践活動は**図2**に示したとおりである。

図2　女性起業家による食育実践活動

幼児期	学童期	青年期	壮年期	高齢期	地域のステークホルダー
給食用食材の提供					地元の保育所、県内の小中学校
養殖見学					地元の保育所・小学校
お魚教室					県内の教育機関・公民館など
漁業体験					行政（南予博が契機）
スジアオノリの陸上養殖・加工・販売事業					行政、県内の企業・レストランなど
漁家レストラン					行政（南予博が契機）
マダイを使った加工品の開発					えひめ産業振興財団、県内の企業・パン屋

（ヒアリングにより筆者作成）

（1）幼児・児童・生徒への給食用食材の提供

1）マダイ

　前述した地元の公立保育所への給食用食材の提供を、漁協女性部から引き継いでいる。目の前の海で養殖された新鮮なマダイを卸して提供し、給食における地産地消を実現させている。

2）スジアオノリ

　陸上養殖しているスジアオノリは、県内2市1町や県外1市の公立学校や、地元の公立保育所で給食用食材として採用されている。スジアオノリには鉄分や葉酸などの栄養成分が豊富で、甲殻類アレルギーの子どもも食べることができる。

（2）幼児・児童の養殖見学

　地元の小学校の児童や保育所の幼児が、水産業の生産現場である養殖見学に来ている。例えば、小学5年生は、総合的な学習の時間「養殖博士になろう」の学習の一環で、スジアオノリ養殖を見学し、陸上養殖やスジアオノリの生態などについて学習したり、アオノリを食べ比べたりしている。また、1・2年生が地域学習で見学に来たりもしている。

　その後、地元の小学校の学習発表会に招待され、5年生が水産業の現場で見聞きしてきたことを発表し、交流が続いている。発表のなかでスジアオノリの陸上養殖は「環境に優しく、海に負担のかからない養殖」と紹介されており、地域の宝である海を守り、産業を創造していることが小学生に正しく理解されるようになった。また、長年の漁協と地域との関わりの実績である、漁協女性部との廃油石けんづくりや漁協青年漁業者協議会との鉄炭団子づくりなども発表されており、水産業・漁協と小学校とのつながりが存在する。

（3）全世代を対象としたお魚教室

　南予博では、「宇和海の魚と養殖魚を知ってお魚博士になろう！」という

自主企画に取り組み、豊かな宇和海に生息するたくさんの魚の存在を知ってもらいたいとの想いで、天然魚を扱う刺し網漁の体験受け入れや、その魚を持ち込んだお魚教室を企画した。参加者が合計300名を超え、魚食普及と養殖業のPRを行った。南予博終了後も、南予いやし体験プログラム[5]が継続しており、特産体験[6]として、お魚教室や、後述のエサやり・出荷体験などを引き続き実施し、地域や地域産業の魅力発信に努めている。

また、直接の依頼や元気うわじまサポートバンク[7]を通して、保育所、学校、公民館などでお魚教室を実施している。水産業の最前線で生活する漁師から、生産量日本一のマダイや宇和海で捕れた天然の魚を使って、魚の名前や形、栄養、命の大切さなどが学べる教室である。実際の自分の目で見て、手で触って、さばいて、食べるという体験ができる。例えば、市内の公立高等学校で、家庭科の専門科目において食生活関連産業講座を担当し、生徒は魚のさばき方や鯛めしと潮汁のつくり方、食品衛生を学び、プロの技と地元の新鮮な養殖マダイのおいしさを体感した。さらには、養殖業者としての想いや食品加工・販売についての講話から、生徒は地域産業やフードシステムについても理解を深めた。

（4）全世代を対象とした漁業体験

南予博の企画のなかで、地域にある重要文化的景観[8]の景色を楽しみながら、漁船で宇和海に浮かぶ養殖場までクルージングし、マダイへのエサやり体験や出荷（水揚げ）体験を実施した。通常の仕事と同じ、マダイの1日分のエサやりを行ったり、出荷を行ったりする本格的な漁業体験である（**写真2**参照）。

参加者には、実際に浜から海に出て、エサやり・出荷といった水産業のリアルを体験してもらうことで、水産業に興味・関心をもち、魅力を

写真2　出荷体験（撮影：山内満子）

感じてもらうことができた。一方、女性起業家の家族は、この企画を始めた当初、漁業体験を行うことの意味に疑問をもっていた。実際にお客様と関わり、参加した人たちが歓声をあげながら生き生きと体験している様子を見るなかで、次第に直接、お客様（＝消費者）の声を聴くことができるこの企画の虜になっていった。そして、今までは単に重労働としか思っていなかった養殖業が、人々に楽しんでもらえる仕事、自信をもって取り組んでいい仕事というように認識が変わり、生産者側にも変化がみられた。

（5）全世代を対象としたスジアオノリの陸上養殖・加工・販売事業

1）陸上養殖

女性起業家は、家族でマダイ養殖業を営んでいるが、マダイ養殖は浜値があるため、自分たちで価格を決めることができない。そのため、浜値の乱高下や飼料価格の高騰で、出荷すればするほど赤字になることもある。そして、南予博を機に始めた漁業体験、加工品の販売、漁家レストランだけでは、会社の事業として成り立たないことも懸念事項であった。また、1kgのマダイを育てるために、2.7kgのエサが必要となったり、海面養殖でエサをやり過ぎると、赤潮の発生につながる可能性も指摘されていたりすることから、SDGsに逆行することも気にかかっていた。そこで、後継者としてUターンしてきた子どもに、地域と関わりながら地域が活気づく事業、かつ安定した経営ができる事業を継承したいと考えるようになった。

そこで、自然環境に極力左右されず、エサが不要な養殖を検討していたところ、スジアオノリに巡りあった。天然のスジアオノリはここ数年不作続きで、収穫時期のピークも秋冬に限られているが、陸上養殖では比較的安定した水温と水量のある井戸海水では夏でも育ち、1年中養殖できる。そして、スジアオノリは海水と太陽光、ごく少量の電気があれば養殖可能で、スジアオノリを育てた後の海水は、赤潮の原因とされている窒素やリンを光合成で消費して、酸素を多く含むので、また海に還すことができる。また、井戸海水を使う養殖のため、エビ・カニの生息地から隔離されていることから、甲

殻類アレルギーがあっても安心して食べることができるという特徴がある。まさにSDGsにつながる養殖である。

このスジアオノリの養殖を事業化するにあたって、女性新ビジネスプランコンペティションに応募した。「養殖王国愛媛から発信する、将来の子供たちへつなぐ新たな水産イノベーション」事業として高く評価され、ソーシャルデザイン賞を受賞している。事業計画は、メンターによりブラッシュアップされてビジネスモデルになり、明確な目標のもと、受賞により支給された事業奨励金を活用し、事業をスタートすることができた。また、県外の企業から協働の申し出があり、スジアオノリの陸上養殖の共同研究も進めた。

2）加工・販売

スジアオノリの加工品の開発は、愛媛県6次産業化チャレンジ総合支援事業で補助金を受けて行い、県内企業と協働し、ブランド名とデザインを考案している（**写真3**参照）。女性起業家家族が育てるスジアオノリは、養殖によって不純物などが混じらずに生産できることや、宇和海のミネラル豊富な井戸海水のみで育

写真3　スジアオノリの加工品
（撮影：山内満子）

てていることから、繊維が細く柔らかく絹のような食感で、見た目も美しいので、「きぬ青のり」とネーミングしている。

販売前にスジアオノリについて消費者にヒアリングを行ったところ、調理方法や栄養的な特徴がわからないという声があがった。そこで、スジアオノリの特徴やレシピを掲載したリーフレットを作成し、商品横に並べて販売したり、HPにレシピを掲載したりすることで反響があった。消費者に発信していくことで商品が周知され、消費者増につながっている。

ほかにも、県内にある地元の食材を生かすローカルレストランと協働し、パスタの食材として活用されている。商品名には地名・生産者名・ブランド

名が入っており、地域も含めてPRできている。香り高く口溶けの良いスジアオノリの特徴を活かした商品となっており、県内の店舗とインターネットで全国販売されている。

（6）全世代を対象とした漁家レストラン

南予博の企画のなかで、水揚げしたばかりの新鮮なブランド鯛を食べられるように、マダイ専門漁家レストランを開店し、マダイのフルコースを堪能できるようにしている。今では、スジアオノリも加えてメニューとして提供している。1日1組限定の完全予約制で営業しているが、それはお客の来店時間に合わせて最大限食材の良さを活かすために「調理は船の上から始まっている」と考えているからである。

（7）全世代を対象としたマダイを使った加工品の開発

南予博の企画のなかで、帰宅後もマダイが味わえるお土産用として、また百貨店などで販売できるギフト商品として、ブランド鯛のパイ包み『愛（め）でたい』を開発した（**写真4**参照）。その際、えひめ産業振興財団による地域密着型ビジネス創出助成事業として、「宇和島産養殖真鯛で作る、海のおやつ開発事業」

写真4　『愛でたい』（撮影：山内満子）

が採択され、補助金や加工品開発のサポートを受けた。デザインを手がけたのは女性部時代から協働してきたデザイン会社で、レシピはJR伊予灘ものがたりの料理プロデューサーである松山市内のパン屋のシェフと協働で開発し、プロデュースした。

4．おわりに

　最後に、漁家女性の「共創」による食育実践活動を環境・社会・経済の3側面から整理すると、**図3**のようになり、地域活性化について考察する。

　環境面では、食品ロス削減につながる端材の利用、廃油石けんづくり・配布、井戸海水を使用したスジアオノリの陸上養殖、海を美しくする運動、合成洗剤追放運動がある。これらの活動とSDGsとの関連をみると、ゴール「2」の環境と調和した持続可能な産業の推進、「6」の水源の質と持続可能性、「12」の持続可能な消費と生産の推進、「13」の気候変動の影響を受けにくい陸上養殖の確立、「14」の海洋・沿岸生態系の保全と持続可能な利用の推進と関わっており、「社会的価値」を生み出しているといえる。この環境面に関するゴールは、SDGsの他のゴールの土台となっており、水産業の根幹となる活動を漁家女性は長年実践し、支えている。

　社会面では、子どもの健康増進につながる煮干し3匹活動、アレルゲンフリーで栄養価が高い安全・安心なスジアオノリの陸上養殖、郷土料理実習による地域の食文化の継承、女性部活動と家事・育児・介護などとの両立（ワーク・ライフ・バランス）、高齢者福祉活動、地域交流の場の創造が挙げられる。これらの活動とSDGsの関連は、ゴール「3」のあらゆる年齢の全ての人々の健康と福祉の確保、「3」「4」の和食文化の保護・継承、「5」の食品産業の働き方改革、「11」の持続可能なまちづくりにみられ、「社会的価値」や「生活・人生的価値」を生み出している。

　経済面では、女性部活動の時給制の導入、お魚教室による魚食普及、漁業体験による養殖業や地域のPR、地域資源を活用した加工品の開発、スジアオノリの6次産業化、スジアオノリが川も河口もない地域の新たな特産物になりつつある（滝本2020）ことが挙げられる。これらの活動とSDGsは、ゴール「8」の働きがいのある人間らしい雇用、「9」の持続可能な産業化、「10」の性別による不公平などの是正、「12」の持続可能な消費と生産の推進

図3　漁家女性による食育実践活動と地域活性化

（ヒアリングにより筆者作成）

に関連があり、「経済的価値」を生み出している。

　このように、ゴール「17」と関連する漁家女性の多様な世代やステークホルダーを巻き込んだ「共創」による食育実践活動は、地域の環境保持や食文化の継承、健康増進、高齢者福祉、地域水産業といった地域生活課題の解決に向けた取組であり、漁村の持続可能な地域づくりに関わっているといえる。そして、漁家女性が「共創」によって次世代へつなぐ「次世代型水産業」は、全世代を対象とし、生産・加工・流通・販売の各段階を通じた食育実践活動により、新たな価値を生み出し、第一次産業を軸とした地域創生・産業創出や女性の自立につながっていくと考える。

謝辞

　本稿の事例対象である山内満子氏には、漁協女性部長時代から何度もヒアリングさせていただき、また起業後も長時間にわたり貴重なお話を伺わせていただきました。多大なるご協力に心より御礼申し上げます。

注
1）日本政策投資銀行は、女性起業家を対象とし、優秀な新ビジネスプランに対して事業奨励金支給を含む事業支援を行っている。ソーシャルデザイン賞は、新たな切り口で社会的課題を解決するビジネスプランを表彰している。
2）1年目の宴遊会時のアンケートで、参加高齢者が「子どもや孫、地域の将来のために残したい料理」として「花餅」を挙げていたため、2年目の参加型企画に取り入れた。
3）包丁汁は地域で冠婚葬祭や人が集まる時に登場する料理で、魚をベースにした出汁に小麦粉を練って包丁で切ったうどんが入った郷土料理のことである。手打ち麺を包丁で切ることから「包丁汁」と呼ばれる。
4）各年度「漁協女性部業務報告書」。
5）南予地域で楽しむことができる110の体験プログラムを、自然体験、サイクリング体験、特産体験、レトロ体験分類のうえ、南予地域の海・川・森といった豊かな自然や歴史的・文化的遺産、地域産業などの魅力を発信している。
6）南予地域の特産品を身近に感じて、味わったり、作品を作ったりなど、未知の産品との出会いを体験できるプログラムである。
7）地域や保育所・幼稚園・学校などで健康づくりや食育活動を実施するうえで、その目的にあった人材の紹介をし、活動をサポートしている。
8）水田・畑地などの農耕に関する景観地として、2007年に文化庁の重要文化的景観に選定された。

文献
滝本真一（2020）：スジアオノリの陸上養殖に挑戦！　愛媛県農林水産研究所水産研究センター・栽培資源研究所、水研センターだより12、8-9
藤田昌子（2016）：漁協女性部による地域生活課題のマネジメントと漁村活性化―愛媛県南予地域を事例として―生活経営学研究51、35-43
藤田昌子・若林良和（2015）：漁協女性部の組織・運営体制づくりとその課題―愛媛県南予地域における事例をもとに―　地域漁業研究56、1-31

第9章

給食事業者による若年世代食育と地域循環
─若年世代の食育から地域水産物の価値向上を目指して─

阿部　覚・田中　恵子

1．はじめに

　本章では、流通段階の民間給食事業者として、若年世代（園児・生徒）を対象に、石川県七尾市と中能登町での「ぎょしょく教育」実践活動を紹介し、水産版食育における共創に関する方途を究明する。若年世代への食育実践の源泉は、地域水産物の価値を高める基盤づくりに重要であるとの視点から、認定こども園と中学校家庭科の取組をもとに検討を行う。なお、園児と生徒の間に位置する児童（小学生）の実践活動については字数の都合上、割愛する。詳細については、若林・阿部（2018）ご参照いただきたい。

　筆者が勤務する株式会社ミナトフーズ（以後、当社と記載）は、石川県七尾市（能登中部地域）に位置し、2009年１月、石川県内初のこども園専用給食センターとして創業した。現在、こども園３園と放課後児童クラブ（長期休暇等）の給食を、常時１日平均300食提供している。当社は他にも、食品加工（カット野菜、ふりかけ等）や食材卸売（学校給食センター、こども園、病院、高齢者施設）、厨房機器や食品衛生に関わる給食環境事業、栄養教育や「ぎょしょく教育」の教育支援事業を行っている。創業当初から給食に提供する食材は、地元農家から仕入れ、園児は食育活動の一環として栽培・収穫した野菜など、地域で獲れる野菜を給食に取り入れるよう心がけている。

　筆者は、愛媛大学「ぎょしょく教育」実践プロジェクトリーダーとして、「ぎょしょく教育」概念の発想と構築を行い、愛媛県愛南町や松山市で実践

活動を主導してきた。実施プログラムは、筆者発想による「ぎょしょく教育（水産版食育）」（阿部2007）が掲げる「魚触（魚に触れる）」「魚色（魚の特色）」「魚職（獲る漁業）」「魚殖（養殖漁業）」「魚飾（郷土料理や魚食文化）」「魚植（魚が育つ環境）」「魚食（魚の味を知る）」の7つの考え方を組み込んだ内容や構成である。

　しかし、2018年12月に石川県金沢市への転居を機に、これまでの瀬戸内海（愛媛県松山市・今治市）、太平洋（愛媛県愛南町・宇和島市）から、日本海へ活動の場を移すこととなった。2014年から石川県七尾市を中心に主体的、本格的に活動を行っている。当初は、地域独特の呼び名等に戸惑った。出世魚の代表魚である「ブリ」の幼魚の呼び名「フクラギ（福来魚）」がその一例である。

　筆者田中は、石川県七尾市で育ち、大学で栄養士課程を学び、資格を取得後、七尾市内の保育園で栄養士として給食製造や献立作成等の給食業務に従事した。その後、保育園の給食業務を外部施設で一括して行う当社設立のメンバーとして参画し、現在はセンター長としてこども園3園と放課後児童クラブ1施設の給食業務を統括している。また、当社で勤務しながら独学で管理栄養士資格を取得し、地域で栄養等に関する講演や食育活動も積極的に行っている。

　当社は、「豊かな緑・土・水が豊かな作物をつくり、食をつくり、豊かな人を育む」を企業理念に、「地域循環型エコシステム」を構築し、給食調理・食材加工の立場から、生産者と消費者を結び付け、食を通じ地域社会に寄与することを目指している。また、SDGs（持続可能な開発目標）を意識し、特にゴール12（つくる責任）、14（海の豊かさを守ろう）、15（陸の豊かさも守ろう）の達成を志向することにより、持続可能な地域社会の形成に貢献したいとの考えも持っている。

　本章では、認定こども園と中学校家庭科の取組を紹介し、「共創」の発想による食育実践における流通段階の役割を示すことにより、効率的かつ持続的な共創の方途を探りたい。

2．若年世代・園児を対象とした「ぎょしょく教育」の実践

（1）概要

　まず、創業当時から給食を提供している認定こども園園児を対象とした「ぎょしょく教育」活動を紹介する。事例1は長年行われているタコ焼きイベントでの新たな試み、事例2は生魚から給食献立おでんの具「つみれ（スリミ団子）」を作ることである。ポイントは以下のとおりである。

（2）事例1：生タコを下処理し、タコ焼きを作る

　2014年度から行っているタコを使った取組を紹介する。当園は毎年「タコ焼きパーティー」を開催している。タコ焼きづくり、タコ焼き屋さんごっこを通じ、食べることに導く。これまで、タコは近隣の魚屋から茹でタコを購入していたが、筆者が関わることでタコ焼きづくり前段階の生タコ下処理から茹でタコにするまでも実践している。

　対象は年長児20名で、前半のタコ調理を筆者（阿部）が担当し、後半のタコ焼きは園所属栄養士と保育士が担当した。タコ焼きができると、試食をするとともに、年長児がタコ焼き屋さんに扮し、年中・年少児にも自分たちが作ったタコ焼きを提供した。所要時間は約2時間である。

1）座学（魚色）

　タコの言葉には、空に飛揚するタコ（凧）もある。七尾市は農業生産額の7割がコメであるため、園の周辺にも田んぼが多くタコ（凧）に対するなじみも深い。そこで、園児に「タコ焼きに使うのはこのタコですか」と、タコ（凧）の画像を見せ尋ねる。すると、合唱するかのように「ちがーう」と応答する。他にも、タコをモデルにしたアニメキャラクターやマダコの形と異なる深海に生息するタコ画像（メンダコ等）を見せる。このように、こども園・保育園での座学は園児の興味を引くように、馴染みのあるモノやアニメ等を織り交ぜながら行う。

2）タコを茹でる（魚触・魚色）

　タコ下処理として、内臓をとり、タコのヌメリを落とす。園児には、「体が汚れたらどうするか」と尋ねる。「お風呂に入る」と答え、さらに「汚れはどうする」と尋ねる。「石鹸で洗う」と答える。「じゃ、タコは？」と聞くと、答えは返ってこない。そこで、塩を取り出し、タコの体に擦り付ける。揉みながらヌメリを落とす。すると、「くさい」と声がする。さらにタコを揉み、もう一度塩を園児に見せると、「白くない」「塩じゃないみたい」と声が返ってきた。塩にタコの汚れやヌメリが付いていることを目の当たりにする。水を入れたボールに塩揉みしたタコを入れ洗う。汚れがとれ白っぽくなったタコを見て、「タコがキレイになった」と反応した。

　次に、体をキレイに洗ったタコを湯に浸ける。園児に「お風呂に浸かる時、どこから入る？」と尋ねる。「足から」と返事がする。タコ足の先を少しだけ湯に浸ける。すると、足先が少しだけクルッと丸くなる。すぐに湯から出し園児に見せる。半分位まで浸ける。さらに足が丸くなる。「足が丸くなっている」と声が上がる。全体を湯に浸け、園児に1から10まで数えてもらい、タコを湯からあげると、「色が変わった」「赤くなっている」と一斉に声が上がる。タコ焼きに使う茹でダコが出来上がった。（**写真1**参照）

写真1　タコ茹で（筆者撮影）

3）タコ焼きを作り、食べる（魚飾・魚食）

　タコ焼きは栄養士と保育士の先生が担当する。キャベツを刻み、卵を割り、生地を準備する。先程茹でたタコを刻んで入れ、先生と一緒に焼き上げる。（**写真2**参照）園児自ら焼いたタコ焼きをお皿に3個程度盛付け、みんなで

「いただきます」の挨拶をし、一斉に食べる。丸ごと口に入れる園児、割って冷まし食べる園児もいた。タコが出たら、「タコがあった」「タコおいしい」と食べ続ける。出てきたタコを友達に見せる子もいる。園児の表情には笑顔が満ち溢れていた。

写真2　タコ切り（筆者撮影）

（3）事例2：生魚から「つみれ（スリミ団子）」を作る

　次に、青魚（アジ・イワシ・サバ）を使った取組を紹介する。魚種を選択するにあたり、園長先生から園児たちにも馴染みのある身近な魚でとの要望があり、栄養士と相談の上、青魚を使い、給食献立のおでんの具「つみれ」を作ることになった。

　これらの魚は、地域漁獲量上位で、地元のスーパーマーケットや魚屋でもよく見かける魚種である。これまで給食で「つみれ」を具とする場合、地元魚屋からスリミを仕入れ、調理場で成形していた。園児はこれまで、「つみれ」が作られる工程を知らず食べていた。

　対象は年長と年中児30名で、前半は筆者が生魚（アジ・イワシ・サバ）説明と魚の捌き方を担当し、後半は園所属栄養士がスリミから成形し「つみれ」にする工程を担当した。なお、年長児が栄養士指導のもと「つみれ」成形を体験した。

1）座学（魚色）

　まず、「おさかなについてまなぼう」と題し、青魚の料理画像と丸魚の画像を見せた。料理と実際の魚が結びつくかどうかを園児に問いかけながら話を進めた。例えば、イワシ握り寿司とチリメンジャコを見せ、「これは何の魚かわかる人？」と問いかける。園児は各々知っている魚を答えたが正解は出なかった。次に、イワシそのものの画像を写すが、マイワシ・ウルメイワ

シ・カタクチイワシの３種類を同時に見せた。ここで園児から、「イワシだよ」と答えが出た。そこで、イワシにも様々な種類がいることを伝える。日常食べている魚料理と実際の魚がどんなものであるかが一致するよう心掛けた。

　２）魚を捌く（魚触・魚色）

　次に、地元で獲れた青魚を捌く。（**写真３**参照）園長先生から魚の臭いや血が出ること、腹の中（内臓）を見ることは子供達にとって大切だとのお話を頂いたので、園児達にはできるだけ近くで魚を捌くところを見て体感してもらうことにした。（**写真４**参照）

写真３　魚捌き（筆者撮影）

　各魚種３枚卸しにした。園児から「お魚臭い」「気持ち悪い」との声が上がったが、多くの園児は食い入るように見ていたのが印象的であった。アジを捌くときは、包丁が骨に当る時の音をマイクで拾って音が聞き取り

写真４　魚を切る音（筆者撮影）

やすいようにした。サバは口を大きく開け、サバの歯が小さく並んでいる様子を見せ、サバの名前の由来になっている話をした。ここでは目で見るだけなく、臭いや音など五感に感じられるよう意識した。

　３）「つみれ」を作る（魚触・魚色）

　園所属の栄養士が担当し、さきほど捌いた魚で「つみれ」を作る。年長児も参加し、スリミを手に取り、丸めながら成形していく。スムーズに丸くする園児、うまく丸まらず先生に助けてもらいながらの園児もいた。先生から、このあと「おでん」の中に入れて食べるからね、と声をかけられると園児たちは真剣に取り組んでいた。

4）「つみれ」入りおでんを食べる（魚飾・魚食）

園児たちの作った「つみれ」入りのおでんが給食の食卓にのぼると、歓声が上がった。「これ、私が作ったよ」「形が丸くないよ」と、真っ先に「つみれ」への興味が示された。栄養士の先生から、もう一度、「つみれ」が青魚から

写真5　つみれ入りおでん（筆者撮影）

できていること、魚の命をいただくことを話してから、「いただきます」の合唱をし、食べ始めた。（**写真5**参照）

魚を捌く時は「魚臭い」との声が上がっていたが、「つみれ」を食べるときは、「美味しいね」「もっと食べたい」との声がほとんどであった。魚が苦手な園児も積極的に食べていた。後日、保育士の先生から、あの後、何人かの園児が、魚のポスターを見たり、自分で魚の事を調べたりしていると伺った。「ぎょしょく教育」体験が、魚に対する興味を持たせる一つのきっかけになっているとの実感を得ることができた。

（4）園児の反応

「ぎょしょく教育」実施後、園児の反応等を保育士の先生方に伺った。生タコや生魚の状態から、どのようにしてタコ焼きもつみれ入りおでんになるかを直接体験することは、魚や魚食への興味を持つ大きな機会となっていた。タコや魚そのものに留まらず、魚は人間と同じように赤い血が流れることや魚編の漢字に興味を持つ園児もいて、多様な事象に好奇心を掻き立てられており、好意的であった。

園児が魚への興味を示した場面は以下のとおりである。魚そのものに触れた時、もともと触ってみたいと思っていた気持ちが大きい部分があり、積極的な興味であると考えられる。園児の前でタコや魚を捌き調理した時、「魚

の心臓を目の当たりにした時」や「胃袋の中に魚のエサとなった小魚が入っていた時」「タコを塩揉みし、汚れを洗い流し表面の色が変化した時」「タコを湯の中に入れ、足が丸まってきたり、表面の色が赤くなったりしてきた時」である。

　タコや魚を目の前で見て、触って、その目と鼻、手で感じてから、実際にそのモノを食べることによって、魚への「きょうみ」は「見（実際に魚をみる）」と「味（魚を食べて味を知る）」が結びついて、これらの体験を重ねることで園児の「身（み）」になっていくのではないかと考える。

（5）こども園イベントとの連携

　当社が給食を提供しているこども園では、各園配置の栄養士が中心となり、毎年食育計画を策定している。食事マナーや栄養等だけでなく、地元農家の方から野菜づくり（苗植えから収穫まで）、地元料理店の方から地元食材を使ったピザやカレーづくり、地元高齢者の方から梅干し・梅ジュース、味噌づくりを学び、地域の方々と連携し、食材をつくり育てることも食育の重要な要素と捉えている。

　これまでは農業分野の取組であった。筆者が加わってから水産分野への取組を行うことで、園児への食や食材への興味・関心の幅を広げることにつながっている。それに伴い、漁業者や水産加工業者、地元の魚屋等との関わり合いへと拡がっている。

３．若年世代・中学生を対象とした「ぎょしょく教育」の実践

（1）概要

　中学生を対象の「ぎょしょく教育」実践についてご紹介する。きっかけは、当社納品先である七尾市及び中能登町学校給食センターの各栄養教諭の先生から、直接お声がけいただいたことによる。石川県教育委員会を受託先とする「つながる食育推進事業」モデル校として採択されたことを受けてのこと

である。

　「つながる食育推進事業（文部科学省初等中等教育局健康教育・食育課）」
は2017年度から、栄養教諭が中心となり、学校を核として地域の生産者や関
係機関・団体等とも連携しつつ、学校においてより実践的な食育を行うとと
もに、その活動に保護者も参画し、家庭における望ましい食生活の継続的な
実践にもつながる食育の実践モデルを構築するものである。

　石川県は、2019年度事業採択を受け、県内2ヶ所の中学校で実践モデル構
築を目指すこととなった。両校とも、当社食材納品先で、教育支援事業につ
いても栄養教諭に認知して頂き、両校から家庭科で魚の調理実習講師として
打診があった。当社管理栄養士（センター長）とぎょしょく教育実践者（企
画室長）2名派遣で承諾した。各々、魚の栄養と調理、魚の社会科的要素と
捌き方を担当した。

　モデル校2校は、七尾市立T中学校が生徒数427名、単独校調理方式、
2016年から栄養教諭1名を配置し、七尾市内学校給食統括も兼ねている。も
う1校の中能登町立N中学校が生徒数480名、共同調理場方式で町内全学校
分（約1500食）を提供し、2013年から栄養教諭1名と学校栄養職員1名を配
置している。当事業の連携先は、JA・当社（流通業者）、県市町行政機関、
県栄養士会、県内短期大学（栄養士養成機関）である。

（2）中学校家庭科での「ぎょしょく教育」実践のポイント

　中学校家庭科では、肉・魚の調理を学ぶ機会があり、今回は魚調理実習で
「イワシ蒲焼」を作った。イワシ類は七尾市で最も漁獲量が多い魚種であり、
地域馴染みの魚である。実践のポイントは以下の2点である。ポイント1は、
中学校の教科と結びつき、その学習指導要領に沿った地域食材の学びにつな
げることで、中学家庭科（調理実習）と社会科（地域漁業の状況）を連動さ
せる。また、栄養教諭（学校給食センター）と食材納入業者（地域食材）の
専門性を活用することである。

　ポイント2は、魚の調理（捌き方）を直接見て、実際に自身で捌き、料理

表1　授業の流れ（筆者作成）

流れ	要素	内容	指導／担当
座学1	色／職	魚の特徴や漁業等を学ぶ	民間事業者／博士（農学）
座学2	色／飾	魚の栄養や調理方法を学ぶ	民間事業者／管理栄養士
魚捌き	触	イワシの手開きを体験する	民間事業者／博士（農学）
調理	触／飾	イワシの蒲焼きを作る	民間事業者／管理栄養士
試飲	食	自ら捌いたイワシ料理を食べる	栄養教諭／地元事業者

し、食べるにつなげる。捌きを通し、鱗取り、腹を開け、心臓や内臓、胃袋の中を見、血や骨等を体感し、捌き方体験を、家庭での魚調理や魚料理につなぎ合わせることである。授業の流れは**表1**のとおりである。なお、授業時間は2時限分である。

（3）社会科的要素と家庭科的要素を学ぶ機会

座学1は社会科的要素を学ぶ機会とし、阿部が担当した。石川県漁業や海域の特徴について学ぶ。石川県は暖流と寒流が交わる海域で、地形の異なる4つの海域を持っている。漁獲量は、イワシ類、ブリ類、スルメイカの3魚種が多く、近年ではフグ類が日本有数の漁獲を誇っている。七尾市は、石川県内の約50％のマイワシを、約80％のカタクチイワシを漁獲している。（**写真6**参照）

座学2では、田中が担当し、魚の栄養（たんぱく質・脂質）や調理法について、また調理実習でイワシ蒲焼の作り方を生徒のもとを回り、焼き方のポイント等のアドバイスを行った。（**写真7**参照）

魚捌き方では、生徒一人につき一尾ずつマイワシの手開きを行った。（**写真8、9**参照）最初に手開きの方法を学んだ上で、頭と内臓を取り、腹と中骨の間に両手親指を入れ、中骨に沿って指を移動させながら骨と身を分けていく。初めて経験する生徒がほとんどで、魚の身に指を入れることを躊躇する生徒もいた。開いた身と身が分かれた生徒もいたが、全員がイワシ蒲焼を完成させることができた。

写真6　座学（筆者撮影）

写真7　イワシ蒲焼（筆者撮影）

写真8　イワシ手開き1（筆者撮影）

写真9　イワシ手開き2（筆者撮影）

　自ら捌いたイワシで料理を作り食べることで、これまで魚料理を好まなかった生徒も美味しいと食べていた生徒もいた。後日、先生から、初めてイワシ手開きを経験し、早速家庭でも手開きを実践し、イワシ蒲焼を家族に振舞った生徒もいたとのことである。中学校家庭科と家庭の食生活とが結実した事例である。

（4）民間給食事業者と教育機関の連携

　民間給食事業者である当社が、中学校で講師となったきっかけは、学校給食に食材（生鮮野菜やカット野菜等）を納品しており、日ごろから栄養教諭や学校栄養職員との関係性ができていたからである。当社では毎月、翌月用

の食材見積書を提出し、その際に食材の紹介や地域の状況等について意見交換を行っている。また、管理栄養士による栄養講座やセミナー、「ぎょしょく教育」の提案も行っている。中学校家庭科では肉や魚の栄養や調理を学ぶこととされる。しかし、魚を丸のままから調理することは時間的、技術的な制約があり、ままならないのが現状である。当事業で地域関係機関から講師を招くことができるこの機会に、弊社に白羽の矢が立った経緯がある。民間給食事業者の中にも、食育活動に関わりたいと考えている方もおられるのは事実である。しかし、民間組織から教育機関への働きかけはきっかけすら創れないのが現状である。共に食育活動を創るには、人と人とのつながりが欠かせない。若年世代への食育実践では、その内容もさることながら、この人なら実践内容をまかせられるとの信頼関係が重要である。給食食材卸売事業者である当社は、学校給食食材を通して、学校給食を担当している栄養教諭等との信頼関係を築いてきたことが今回の食育共創につながったと考える。

4.「ぎょしょく教育」実践から見える産業分野と教育分野の共創

（1）水産分野における若年世代食育のポイント

　就学時前世代（園児）は、魚や水産物への興味や関心を喚起する工夫が必要である。直接、魚や水産物に触れる（魚触）機会の提供は、園児の魚に対する興味や関心を触発につながる。園児の感覚機能に訴えかけ（視覚、聴覚、触覚、味覚、嗅覚）、感覚的に魚への心象を持たせる。これらを行った上で、味覚（魚食）につなげることは、水産物への意識向上に寄与する。中学世代は水産業分野（生産/流通）から教育分野への学ぶ機会を提案提供する。農業分野では地元農家（JA）や食生活改善推進員（高齢者世代）等による学ぶ機会（農業体験や講演）提供が盛んに行われているが、水産業分野では極めて稀である。中学校に赴き学びを主導する人材が圧倒的に少ない。教育分野の現場指導者に教科への取入れ意欲があっても断念せざるを得ないため、水産業分野から教育分野への積極的提案が緊要であり、特に、家庭科では魚

図 1　地域連携イメージ（筆者作成）

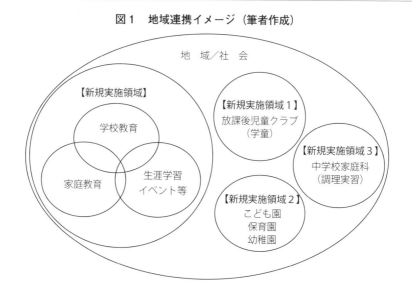

調理の機会があり、そこへの介入が求められる。これまでの地域社会では
「ぎょしょく教育」実施場面に「家庭教育」「学校教育」「社会・生涯学習・
イベント等」があり、新たに「こども園・保育園」「放課後児童クラブ（学
童)」「中学校家庭科」を実施領域のイメージを図1に示した。若年世代にお
いて学習の継続性を意識することが必要であり、各場面での連携を密にして
内容を選択するが有用である。

（2）産業分野における流通段階の役割

　産業分野と教育分野の共創可能性について探ってみたい。図2のとおり、
産業分野は、学校給食への食材納入で地域の流通業者が多く関わっている。
産業分野と教育分野の接点として、学校給食の存在は欠かせない。毎朝の食
材納入でその地域の多くの流通業者が関わっている。多くの流通業者は生産
者や市場等から食材（モノ）を仕入れ、各学校調理場や共同調理場へ納品す
ることで教育分野とつながっている。共創には、産業分野の流通段階におけ
る第3の流れ「情報流」が求められる。学校給食に食材を納入する流通業者

図2　産業分野と脅威育分野の連携イメージ（筆者作成）

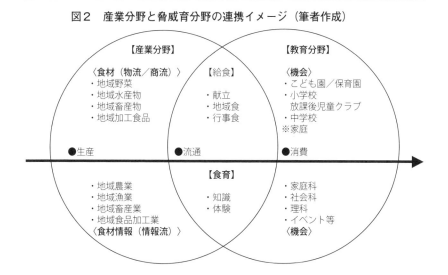

は、商流（学校からの食材注文）と物流（注文を受けた食材の提供）の役割を担っている。しかし、食材（モノ）に含まれる情報は栄養教諭等による給食便り等で発信されているものの限られている。流通業者が持つ食材に関する情報（産地や生産農家・漁業者の状況、食材の特徴や活用方法等）を食育活動で活用することは若年世代に有益であり、産業分野が教育分野に対し大いに貢献できる可能性を秘めていると考える。これまでの食育実践を通じ、「共創」を補う考え方として、地域の食を共に支えていく「想い」を持つこと、その「想い」を持つ者が集まることが求められることを実感した。産業分野や教育分野を問わず複数集まり階層化していけば、継続的な食育実践活動につながるであろう。そこで、「共創」の発想による食育実践では、産業分野における流通段階の役割がカギを握ると考える。流通業者が「生産者と消費者の間をつなぐ」との意志を持つことにある。意志とは、地域に根差し、「地産地消」の可能性を追求し、消費者にその選択肢を提供することであると考える。

5．おわりに

　本章では、民間給食事業者（流通段階）として、若年世代（園児・中学生）を対象とした「ぎょしょく教育」実践活動を紹介し、水産分野における共創についての方途を探ってきた。産業分野と教育分野の共創は食材そのもののモノの流れと食材情報の流れの融合にあると考える。

　これまでの水産業分野からの食育の関わりはボランティア要素が強く、イベント等で単発的な取組に終わることが多かった。しかし、産業分野の流通段階と給食（こども園給食・学校給食）の関わりを視点に、給食食材そのものを扱う物流と商流によるモノの流れと、これまで表面にでてこなかった食材に含まれる情報の流れ（情報流）の融合に、産業分野と教育分野との共創潜在力を思い見る。

　効率的かつ持続的な共創は、食材納入業者と給食施設のつながりから、人と人のつながりになり、それは食の価値を共創する意思と意図を持つことが起点になる。地域食材の提供に加え、食材にまつわる情報と体験を若年世代に伝えることは、地域食材を扱う流通業者としての役割である。地産地消は地域のモノ消費だけでなく、モノの情報も含まれていよう。消費者が産地の状況を理解することになれば、新たな消費につながり、地域循環システムが構築され、地域の継続性も保たれる。

　2015年9月の国連サミットで採択されたSDGs（持続可能な開発目標）では17のゴールが示された。ゴール12では「つくる責任・つかう責任」が、ゴール14、15では海や緑を守るとの環境的配慮が問われており、今後より一層産業分野と教育分野の共創が強く求められるであろう。

謝辞

　社会福祉法人七尾みなと福祉会、七尾市学校給食会、中能登町立中能登中学校および中能登町学校給食センターには、「ぎょしょく教育」の機会を賜

りましたこと、記して御礼申し上げます。

文献

阿部覚（2007）：「ぎょしょく教育」の実践的取組とその意義に関する研究―関係性マーケティングの視点から―、愛媛大学大学院連合農学研究科博士論文

阿部覚・若林良和・竹ノ内徳人（2007）：「ぎょしょく教育」の概念と意義―水産業における食育の方途を求めて―『地域漁業研究』47（1）、197-212

若林良和・阿部覚・野崎賢也（2007）：子どもを魚好きにするには『学校給食』1、26-36

阿部覚・林紀代美（2017）：放課後児童クラブの「ぎょしょく教育（水産版食育）」実施主体としての可能性『地域漁業研究』57（3）、45-64

若林良和・阿部覚（2018）：「ぎょしょく教育」活動の軌跡と新展開―水産分野における就学前食育の検討―『水産振興　第612号』（一般社団法人東京水産振興会HPよりダウンロード可能）

第10章

学童期の食育と世代間交流
―「あいたん元気っ子クラブ」食育プログラムを通して―

西村　栄恵・後藤　由佳

1. はじめに

　2005年に食育基本法が制定され15年が経過した。今では当たり前となった
「食育」という言葉であるが、その当時は「食育」という言葉がメディアで
取り上げられる機会が多く、流行語のように世間に認知されはじめていた。

　15年前、愛媛県宇和島市にあった愛媛女子短期大学食物栄養学科で栄養士
の養成に携わっていたが、日頃の学生たちの言動から、食の大切さに対する
意識について違和感を覚えることが多くあった。宇和島市は、養殖水産業や
かんきつ類などの果実栽培が盛んな地域であるが、学生に特産品や郷土料理
のことを聞いても、あまり知らないという。魚をさばいたことがない学生も
多く、短大の実習で魚をさばく機会を設けると、遠くで悲鳴が聞こえるとい
った具合であった。学生との会話の中で、「好きな食べ物は何か、嫌いな食
べ物は何か、その理由を説明しなさい（いわゆるアイスブレーク）」と指示
すると、答えられない学生がいたり、偏食が強く、実習で作ったものをほと
んど食べられない学生がいたりした。学校給食を通じて、地元の特産品や郷
土料理に触れる機会があったはずであるが、あまり興味がないのか食べ物の
話題に対しての反応は良いとは言えなかった。

　そんな中、食育基本法が制定された。食育基本法が制定された背景には、
栄養の偏りや不規則な食事、肥満や生活習慣病の増加、過度の痩身傾向、食
の安全、食の海外への依存、伝統的食文化の危機などの問題が挙げられてお

り、「食」の大切さに対する意識の希薄さが懸念されていた。食育基本法の前文において「食育」とは、生きる上での基本であって、知育、徳育及び体育の基礎となるべきものと位置付けるとともに、様々な経験を通じて「食」に関する知識と「食」を選択する力を習得し、健全な食生活を実践することができる人間を育てる食育を推進することが求められている。特に子どもたちに対する食育については、心身の成長及び人格の形成に大きな影響を及ぼし、生涯にわたって健全な心と身体を培い豊かな人間性をはぐくんでいく基礎となるものである、とされ、子どもたちへの「食育」の重要性が示された。

　このような食育を推進する上で、食に関する専門的知識を持ち、食育推進の活動ができる人材の育成は、栄養士・管理栄養士養成施設の義務であり課題でもある。将来、栄養士・管理栄養士を目指す学生たちは、食育について十分理解し、栄養士・管理栄養士の役割を認識し、食育の推進に取り組んでいかなければならないのだが、現実はそう甘くはない。

　食の大切さに対する意識を高めることは、子どもたちだけでなく、これから大人になる学生の世代、またそれらの育成の携わる大人たちにとっても、とても重要なことである。食育基本法の制定をきっかけに、栄養士・管理栄養士養成に携わる私たち、そして将来栄養士・管理栄養士として食育に携わる学生達が、「食育」ってなんだろうと考え、自分たちにできることは何か自問自答しながら、手探りで始めた食育活動が、「あいたん元気っ子クラブ」である。

　「あいたん元気っ子クラブ」とは、愛媛女子短期大学生涯学習センターの1講座で、小学低学年の児童を対象に、子どもたちの生きる力をはぐくむことを目的とした体験型教室であり、保育学科・スポーツ健康学科・食物栄養学科の教員と学生達が共創して運営にあたった。ここでは、「あいたん元気っ子クラブ」の活動の内容や食育プログラムを受講した子どもたちならびに保護者、教室運営に関わった学生たちの反応について報告する。

２．「あいたん元気っ子クラブ」食育プログラムの実践

（１）「あいたん元気っ子クラブ」の概要

　　１）設立の経緯と目的

　「あいたん元気っ子クラブ」は、2005年10月に地域との交流を目的として開設された愛媛女子短期大学生涯学習センター（AITAN LLC）において、小学低学年児童（1〜3年生）を対象とした体験型教室として開講した。この講座は、愛媛女子短期大学の保育学科・健康スポーツ学科・食物栄養学科に所属する教員ならびに学生らによる3学科連携、さらに体育会に所属する職員により運営され、それぞれ「かしこい頭」を育む学習、「じょうぶな体」を育む

図１　「あいたん元気っ子クラブ」の
　　　リーフレット

運動、「ゆたかな心」を育む食育（クッキング）をテーマに教室を実施した。

　小学低学年児童（1〜3年生）を対象として半年毎に受講生を募集し、2005年度10月（2005年度後期）から2009年2月（2008年度後期）までの7期に渡り開講した。

　毎月第2・4土曜日の10時〜12時に開講、毎回3つのテーマのうち2つについて計画実施し、食育教室については、ほぼ1月に1回のペースで実施した。受講生は自主的に参加を希望した宇和島市内の小学低学年児童で、開講期間中の受講者数はのべ130名（男41名、女89名）であった。

　「あいたん元気っ子クラブ」における食育プログラムは、子どもたちが食に関する体験学習をする場であり、次に挙げるような効果が期待できると考

えた。①クッキングを通してコミュニケーションの機会を充実させることができる、②食の楽しさを実感することで精神的な豊かさにつながる、③子どもたちが食材を見て触れて、子どもたち自身で調理をし、それを食することで、食に対する関心が高まり食の大切さを認識することにつながる。

　これらを目標として、食育プログラムでのクッキングの内容は①子どもたちにとって身近なメニューや食材であること、②なるべく子どもたちの手で作ること、③地元の食材を使用すること、④季節の行事や旬を感じさせるものであること、を意識して計画を行い実施した。

　また食育プログラムは、2005年度の開講当初は食物栄養学科学生の有志により運営を行っていたが、2006年度からは愛媛女子短期大学の専門ゼミナール（各学科共通専門科目、2年次開講、通年4単位、演習）の1つのテーマとして取り入れた。将来栄養士を目指す学生にとって食育は重要な課題であり、学生主体で運営することで学生自身の食育に対する理解を深め、実践の場において活用できるようになることを目的として専門ゼミナールのテーマに導入した。

　専門ゼミナールにおいて、クッキング内容についての計画や試作を実施し、実習手順や受講生に対する指導法、危機管理法等について確認を行った。また、レシピや保護者向けのメッセージなど配布資料の作成も行った。保護者向けメッセージの内容は当日実習するレシピのアレンジレシピや、使用した食材に関する説明などであった。毎回教室の終了後に反省会を行い、問題点やその改善策、次回開講までのスケジュールについて確認を行った。ゼミナールの評価は、テーマである「小学低学年児童を対象とした食育教室～『あいたん元気っ子クラブ』での食育実践活動～」についてのレポートと、「あいたん元気っ子クラブ」でのクッキング実施内容についてPDCA（計画・実施・評価・改善）に沿って総合的に評価を行った。

　2）受講生の推移

　2005～2008年度の受講生の内訳について**表1**に示した。2007年度からは徐々に受講者が増加し、2007年度以降は定員15名に対して受講申込者数は、

163

表1　あいたん元気っ子クラフ受講生の推移

(人)

総数	2005 年度		2006 年度				2007 年度				2008 年度			
	後期		前期		後期		前期		後期		前期		後期	
	18		11		12		21		22		22		24	
	男	女	男	女	男	女	男	女	男	女	男	女	男	女
	9	9	4	7	4	8	5	16	7	15	6	16	6	18
うち1年生	0	4	2	3	3	4	2	7	2	7	3	9	3	9
うち2年生	5	5	0	4	0	3	2	5	4	5	1	4	1	4
うち3年生	4	0	2	0	1	1	1	4	1	3	2	3	2	5
前回からの継続受講者	-	-	1	1	5	2	1	4	5	10	3	7	5	14

前期・後期共に20名を超える受講数となった。さらに、前期と後期の継続受講や年度をまたいだ継続受講も徐々に増加しており、受講生ならびに保護者の関心の高さがうかがえる。学年別の受講生数は1年生58名（男15名、女43名）、2年生43名（男13名、女30名）、3年生29名（男13名、女16名）で、3年生に比べて1、2年生の受講が多く、全体的に女の子の受講が多い傾向にあった。2006年度前期に受講生が減少しているが、授業の一環としての位置づけを行い、実習内容を充実させる目的で受講料の改訂を行ったことが主たる原因であったと思われる。

　3）プログラムの内容

　「あいたん元気っ子クラブ」のプログラムの内容について表2に示した。保育学科による「かしこい頭」を育む学習の時間では、保育学科学生によるオリジナル教材を用いて国語や算数の指導を、健康スポーツ学科による「じょうぶな体」を育む運動の時間では、体育会に所属する各クラブが交代でスポーツの指導を行った。食物栄養学科による「ゆたかな心」を育む食育の時間（食育プログラム）では、開講スケジュールに合わせて季節の行事や旬を意識してクッキング教室を計画・実施した。2005年度はお菓子など子どもたちが関心を持ちやすいメニューを中心としたクッキングであったが、2006年度以降はオムライスや餃子など普段の食事に近いものを取り入れて実習を行った。2008年度には、ロールケーキや恵方巻（太巻き寿司）など、なるべく子どもたちの手で作ることを目的に、通常1時間のクッキングを2時間に延

表２　あいたん元気っ子クラブ実施内容

2005 年度

	後期	「かしこい頭」を育む学習	「ゆたかな心」を育む食育 11：00〜12：00	「じょうぶな体」を育む運動 11：00〜12：00
1	10/22（土）	二乗マス計算・作文①	パンを作ってみよう	
2	11/12（土）	二乗マス計算・作文②		球技の楽しさ①（ソフトボール）
3	11/26（土）	二乗マス計算・作文③	マーブルマシュマロ	
4	12/10（土）	二乗マス計算・作文④	ロールケーキに挑戦!!	
5	1/14（土）	二乗マス計算・作文⑤		球技の楽しさ②（タグラグビー）
6	1/28（土）	二乗マス計算・作文⑥		体操　〜基礎〜
7	2/11（土）	二乗マス計算・作文⑦		体操　〜応用〜
8	2/25（土）	二乗マス計算・作文⑧	ひな白玉	

2006 年度

	前期	「かしこい頭」を育む学習	「ゆたかな心」を育む食育 11：00〜12：00	「じょうぶな体」を育む運動 11：00〜12：00
1	5/27（土）	自己紹介・作文		かけっこで1番になろう①
2	6/10（土）	漢字・計算①	ご飯を炊いてみよう	
3	6/24（土）	漢字・計算②	うどんを作ってみよう	
4	7/8（土）	漢字・計算③	豆腐を作ってみよう	
5	9/9（土）	漢字・計算④		かけっこで1番になろう②
6	9/30（土）	漢字・計算⑤		親子でリズム表現①（体操）

	後期	「かしこい頭」を育む学習	「ゆたかな心」を育む食育 11：00〜12：00	「じょうぶな体」を育む運動 11：00〜12：00
1	10/14（土）	漢字・計算①		親子でリズム表現②（体操）
2	10/28（土）	漢字・計算②	クレープを作ってみよう	
3	11/18（土）	漢字③算数ゲーム①		ミニバスをしよう①（バスケットボール）
4	12/2（土）	漢字④算数ゲーム②	カップケーキを作ってみよう	
5	1/13（土）	漢字⑤文章問題①	みかんでゼリーを作ってみよう	
6	1/27（土）	漢字⑥う文章問題②		ミニバスをしよう①（バスケットボール）
7	2/17（土）	作文①・文章問題③	ぎょうざを作ってみよう	
8	2/24（土）	作文②・ミニテスト		あいたん元気っ子クラブカップ

2007 年度

	前期	「かしこい頭」を育む学習	「ゆたかな心」を育む食育 11：00〜12：00	「じょうぶな体」を育む運動 11：00〜12：00
1	5/26（土）	漢字・計算①		かけっこを楽しもう①（陸上競技）
2	6/9（土）	漢字・計算②	クッキーでパズルを作ろう	
3	6/23（土）	漢字・計算③		かけっこを楽しもう②（陸上競技）
4	7/7（土）	漢字・計算④	白玉フルーツでポン!!	
5	7/25（水）	日帰りキャンプ　in　明浜①		
6	9/22（土）	漢字・計算⑤	スィートポテトを作ろう	
7	9/29（土）	漢字・計算⑥		君も強打者になれる!!（ソフトボール）

	後期	「かしこい頭」を育む学習	「ゆたかな心」を育む食育 11：00〜12：00	「じょうぶな体」を育む運動 11：00〜12：00
1	10/13（土）	漢字①・文章問題①	包子（ぽうず）を作ろう	
2	10/27（土）	漢字②・文章問題②		ミニバスをしよう①（バスケットボール）
3	11/10（土）	漢字③・2乗マスシート①		ミニバスをしよう②（バスケットボール）
4	11/24（土）	漢字④・2乗マスシート②	プリンを作ろう	
5	12/8（土）	漢字⑤・2乗マスシート③	ケーキを作ろう	
6	1/12（土）	漢字⑥・2乗マスシート④		リズム体操（チアリーディング）
7	1/26（土）	漢字⑦・2乗マスシート⑤	恵方巻（丸かぶり寿司）を作ろう	
8	2/16（土）	漢字⑧・2乗マスシート⑥		アタック No.1①（バレーボール）
9	2/23（土）	作文（1年をふり返って）		アタック No.1②（バレーボール）
10	3/22（土）	宇和島さくら観測		

2008年度

前期		「かしこい頭」を育む学習	「ゆたかな心」を育む食育 11：00～12：00	「じょうぶな体」を育む運動 11：00～12：00
1	5/24（土）	音読・漢字・計算①		運動会で1等賞!!（陸上競技）
2	6/14（土）	音読・漢字・計算②	オムライスを作ってみよう!!	
3	6/28（土）	木を使った工作に挑戦しよう!!（保育学科）		
4	7/5（土）	ロールケーキ作りに挑戦しよう!!（食物栄養学科）		
5	7/24（木）	日帰りキャンプ　in　明浜②		
6	9/6（土）	みんなでエンジョイ・スポーツ（健康スポーツ学科）		
7	9/20（土）	音読・漢字・計算③	ハンバーガーを作ってみよう!!	

後期		「かしこい頭」を育む学習	「ゆたかな心」を育む食育 11：00～12：00	「じょうぶな体」を育む運動 11：00～12：00
1	10/18（土）	音読・漢字・計算④	サツマイモでむしパン!!	
2	10/25（土）	音読・漢字・計算⑤		少年剣士（剣道）
3	11/8（土）	音読・漢字・計算⑥	くり大福を作ってみよう!!	
4	11/29（土）	草木染めに挑戦しよう!!（保育学科）		
5	12/13（木）	音読・漢字・計算⑦	クリスマスケーキに挑戦!!	
6	1/17（土）	アタックNo.1（球技大会・健康スポーツ学科）		
7	1/24（土）	恵方巻（巻寿司）に挑戦!!（食物栄養学科）		
8	2/14（土）	音読・漢字⑧		太陽にむかって打て!!（ソフトボール）
9	2/21（土）	音読・漢字・計算⑨		ゴールを目指せ!!（ハンドボール）
10	3/21（土）	あいたん元気っ子クラブさくら観測隊～あいたんさくらキャンパスでさくらの開花を観察しよう～		

長して実施した。2007年度からは、野外活動として「日帰りキャンプ in 明浜」を実施し、バーベキューの準備や飯盒炊飯など屋外でのクッキングを行った。また、宇和島市さくら観測隊の活動にも参加をした。宇和島市さくら観測隊は、2005年に気象庁宇和島測候所が無人化したことで、長年継続されてきた「生物記録観測」の記録が途絶えることを惜しむ市民ボランティアと気象庁OBを主要メンバーに構成される団体で、桜の標準木を測候所から受け継いでさくらの観測作業を行い、さくらの開花宣言を行っている。子どもたちは、桜のつぼみの大きさや地面の温度などを観察して記録していた。

（2）「あいたん元気っ子クラブ」の評価

受講生ならびに保護者を対象としたアンケートを2005年度から2007年度まで半期ごとに実施した。そのうち食育プログラムに関するアンケート結果を**表3**に示した。

受講生に対するアンケートの結果、2005年度は「楽しかった」と回答した者が60.0％であったが、2006年度は前期後期合わせて92.3％、2007年度は96.7％であった。保護者に対するアンケートの結果、2005年度は「とても良かった」「良かった」と回答した者の割合が合わせて63.7％であったが、

表3　食育教室実施後のアンケート結果

クッキングについて（受講生回答）

開講時期	2005 年度後期	2006 年度前期	2006 年度後期	2007 年度前期	2007 年度後期
回答数/受講数（人）	15/18	4/11	9/12	12/21	18/22
楽しかった	9 (60.0%)	4 (100.0%)	8 (88.9%)	11 (91.7%)	18 (100.0%)
ふつう	6 (40.0%)	0	1 (11.1%)	1 (8.3%)	0
楽しくなかった	0	0	0	0	0

クッキングについて（保護者回答）

開講時期	2005 年度後期	2006 年度前期	2006 年度後期	2007 年度前期	2007 年度後期
回答数/受講数（人）	11/18	4/11	8/12	11/21	16/22
とても良かった	2 (18.2%)	4 (100.0%)	6 (75.0%)	6 (54.5%)	9 (56.3%)
良かった	5 (45.5%)	0	2 (25.0%)	5 (45.5%)	7 (43.7%)
ふつう	4 (36.3%)	0	0	0	0
良くなかった	0	0	0	0	0
全く良くなかった	0	0	0	0	0

受講の理由（保護者回答）

開講時期	2005 年度後期	2006 年度前期	2006 年度後期	2007 年度前期	2007 年度後期
回答数/受講数（人）	11/18	4/11	9/12	13/21	16/22
子どもの希望	3 (27.3%)	3 (75.0%)	4 (44.4%)	7 (53.8%)	7 (43.8%)
保護者の希望	8 (72.7%)	1 (25.0%)	5 (55.6%)	6 (46.2%)	8 (50.0%)
その他	0	0	0	0	1* (6.2%)

＊：友達からの誘いによる

2006年度以降は「とても良かった」「良かった」と回答した者の割合は100.0％であった。受講生、保護者ともにプログラムの内容については良好であったと思われる。また、なぜ受講しようと思ったのかの問いに対して、2005年度の開講時は「保護者の希望」が72.7％と高かったが、2006年度以降は「子どもの希望」という回答の割合が増加し、2007年度は「保護者の希望」と「子どもの希望」が同数程度となった。

　アンケートの際に受講生の保護者に感想や意見等自由に記入してもらった。その内容の一部を表4に示した。

　2005年度の開講当初は、保護者も参加した親子クッキングを想定してプログラム内容を計画実施した。教室の開講にあたり参考にしたのは、食生活改善推進協議会による「おやこの食育教室」で、すでに食育活動として全国展

表4　食育教室に対する保護者からの意見・感想について（一部抜粋）

アンケート回収時期	保護者からの意見・感想
2005 年度後期	クッキングについて、親が参加すると親のすることが多く、結局子どもにとって良いのか疑問。 保護者が手伝い過ぎているのか、よくわからない。 家庭ではなかなか体験できない事をさせて頂き感謝しております。この春4年生になりますが、もう教室は終了ですか？ぜひ中高学年教室も考えて頂けたら嬉しく思います。
2006 年度前期	毎回楽しい企画があって、子どももとても楽しく通っています。家でも「うどんを作りたい!!」と言われたときにはどうしようかと思いましたし、運動会前には、「一番になろう」で教えてもらったことを実践して頑張っていましたし、料理を作ってきた日は、家族に「おいしいね」と言われて満面の笑。自分に自信をもったようです。
2006 年度後期	子どもが小学3年生と1年生なので2人一緒に行けてよかったです。5月からは上の子は参加できなくなるので下の子だけだと迷っているのですが、楽しかったようなので、また考えてみたいと思います。「食育」はいろんな物が作れ、「丈夫な体」は上手にできるコツなどを教えて頂いたので楽しみながらでき、これからの生活の中でとても役に立ったのではないかと思います。
2007 年度前期	食育をかねて昼食作り（お弁当）をしたらどうでしょう。全品作るのは無理なので、作り易いものや一品メインものを作ったり、栄養面、彩りなどをご指導していただいたりすると勉強になります。 キャンプは子どもにとって初体験であり、すごくいい思い出になりました。教室ではなかなか友達への話しかけもできず、心配していたけど、帰りのバスではすっかり仲良くなって本当に参加してよかったです。
2007 年度後期	時間はかかると思いますが、材料の下準備からさせていただくとよりよいと思います。殆ど準備されているので、もう少し切るなどの経験をさせてもらいたいです。 楽しく参加させて頂きました。お菓子作りは大好きで家でも手伝ってくれているのですが、自分達だけで作れるということで大喜びでした。

開しており、躾や食育の「5つの力（食べ物を選ぶ力、料理ができる力、食べ物の味がわかる力、食べ物のいのちを感じる力、元気なからだが分かる力）」を身につけることを目的とした体験学習として調理実習を行っていた。子どもを対象とした食育については、他にも様々な取組がなされており、参加した子どもたちは、食に対する意識や態度、行動の変化等が報告されていた。「あいたん元気っ子クラブ」の食育プログラムでは、保護者と子どもが参加することで双方に食育の効果が期待できると考えていたが、表4のアンケート結果にあるように、調理の内容によっては保護者が手伝い過ぎるのではないかという意見もあり、2006年度以降は子どもたちだけでも作ることができるよう、クッキングの難易度を下げ、各実習台にゼミナールの学生または食物栄養学科教員を1～2名配置して実施するようにした。参加を希望する保護者については自由参加とし、主に実習終了後の片付けを中心に参加し

てもらうようにした。

　2007年度以降は、受講生や保護者の意見を参考に、屋外でのリクリエーション活動である日帰りキャンプや、宇和島市さくら観測隊の活動に参加するなど内容についての検討や実習時間の延長など改善を行った。

　保護者からはアンケートの他に、「子どもが食事の後のお手伝いをするようになった」「食べ物に関心を持つようになった」などの感想が口頭であるが寄せられていた。

（3）食育プログラムに関わった学生の反応

　2006年度以降、専門ゼミナールを履修し食育プログラムの運営に関わった

写真1　「かしこい頭」を育む学習（筆者撮影）

写真2　「ゆたかな心」を育む食育（恵方巻：師範は保育学科学生）（筆者撮影）

写真3　「じょうぶな体」を育む運動（ミニバスケットボール）（筆者撮影）

写真4　野外活動　日帰りキャンプ（点火のための素材集めの説明）（筆者撮影）

写真5　野外活動・宇和島市さくら観測　　写真6　野外活動・宇和島市さくら観測隊
　　　　隊（桜のつぼみの大きさを計測）　　　　　　　（桜観測隊の説明）（筆者撮影）
　　　　（筆者撮影）

　学生は2006年度4名（食物栄養学科）、2007年度8名（食物栄養学科3名、保育学科5名）、2008年度5名（食物栄養学科2名、保育学科3名）であった。ゼミナール開講当初は食物栄養学科の学生を対象に受講可能としていたが、学生からの要望により保育学科の学生も受け入れることになった。

　食育プログラムの運営に関わった学生は、将来栄養士や保育士、体育指導者など食育に関わりを持つ職業に就くことを希望しているため、事前準備・打合せ、反省会などにも積極的に取り組み、食育プログラム実施後の満足度も高かった。

　ゼミナールの課題として学生より提出されたレポートから、了解を得て一部を抜粋して紹介する。

・「行事食は手間がかかるものも多く、手作りをする機会は少なくなってきていると思うが、行事食を作ることで、もっと料理に興味がわいてくるのではないだろうか。また家庭で、親子が一緒に時々でも簡単な料理を作るようになったら、自分で作ることの楽しさや、食べる喜びもより感じるだろう。『あいたん元気っ子クラブ』を機にそうなってもらえたらいいと思う。（省略）包丁や火を使うことは低学年にとってあまり経験のないことだろうが、危ないことでも1度挑戦することは大切だ。そういう経験が、料理が完成した時のうれしさや、食べた時、食べてもらった時の喜びにも

つながっていくのだろうと思う。『食育』と一言に聞いても難しいが、まずは料理を作ることや食べること、食べてもらうことの『楽しさ』を感じてもらうことが大切なのかもしれない。(食物栄養学科　ゼミ生のレポートより)」

・「食物栄養学科に入学して調理をする機会はたくさんあったが、子どもと一緒にまして教えるという機会はなかった。初めての師範では、子どもたちが作業の邪魔をしたり、お手伝いをしたがったりして大変だったが、子どもたちの元気のいい反応のお陰で雰囲気良く進めることができた。自分が子どもの頃は親の手伝いを少しするくらいで、自分が主になって料理をすることはほとんどなかったので、『あいたん元気っ子クラブ』では子どもたちにとって料理を好きになる良い場であると思う。子どもたちが帰りたくないと言ってくれたり、ありがとうと言ってくれたりして本当に嬉しかったし、子どもと接することがとても楽しかった(食物栄養学科　ゼミ生のレポートより)」。

・「私は、保育士になるために、子どもたちと食についていろいろと学んでいきたい。子どもと一緒に何かを作るといった経験がなかったので、これからの私にとって大変貴重な経験になり勉強になった。先生役として子どもたちの前に立ち説明をしたり、子どもたちの反応を見たりした。子どもたちが苦手なものでも食べられるように工夫して、試作も何度も行い、先生方にも試食していただきアドバイスをもらい、本番に臨んだ。季節に合ったものを作ったり、子どもたちが喜んでくれるような工夫をしたりした。子どもたちと一緒に作るとき、大変楽しく、ほかにもいろいろ作りたいなと思った。子どもたちもこの講座で作ったものを思い出し家庭でも作ってほしいなと思う。このゼミを通して、食に対する関心が増した(保育学科　ゼミ生のレポートより)」。

・「1つ1つの食材にどんな栄養素が含まれるのか、その時期の食材は何かを、子どもたちに楽しく印象深く教えることの難しさを改めて感じた。子どもたちはクッキングを楽しんでいたと思うが、私たちの目的は食育を行

うことであり、その目的を果たせたかと思うと反省すべき点が多々ある。たとえば、季節の果物を使用した時、他にどんなものがあるか子どもたちに考えさえるべきであった。また、食材に含まれる栄養素について説明した記憶があまりない。これでは、自分達もただクッキングをさせただけになってしまう。実際に職場についた時は、この 1 年間で行ったこと＋（プラス）できなかったことを少しでも多く実践していきたいと思う（保育学科　ゼミ生のレポートより）」。

　子どもたちを対象に食育プログラムを計画した「あいたん元気っ子クラブ」であるが、受講生である子どもたちだけでなく、食育を支援する側である学生たちが、この食育プログラムを通じて食について考える良い機会になった。したがって、この食育プログラムは学生自身の食育実践としても有効であったと考えられる。毎年 4 月の新教室開講時は、保育学科の学生が中心に子どもたちとコミュニケーションをとり、食物栄養学科の比較的、おとなしい学生がそれに続き、実習の準備や片付などでは、食物栄養学科の学生がリードし、保育学科の学生がそれに続く。学生たちも自分たちで考え、自分ができることを行い教室運営に積極的に携わることで、「食育」に対する様々な気づきがあった。

3．おわりに

　「食育」は、様々な経験を通じて、「食」に関する知識と「食」を選択する力を習得し、健全な食生活を実践することができる人間を育成するための手段として重要であり、現在も家庭や学校・保育所等、地域において様々な形で食育の推進が行われている。食育の推進といっても、非常に幅広く、何を課題として食育に取り組んでいくかは食育を支援する側の考え方によって異なり、期待感の違いにも現れてくる。子どもたちに対して、よりよい生活習慣が形成できるような「食育」を推進し、行動変容を支援していく上では、

家庭や学校等、地域の諸団体、行政等の食に関わりを持つ多くの関係者が連携し、様々な方向からのアプローチが必要となる。そうすることで、より広い範囲でより多くの対象に対してアプローチが可能となり、よりよい食生活への行動変容が期待できる。

　「あいたん元気っ子クラブ」の食育プログラムでは、将来栄養士を目指す学生と保育士を目指す学生との連携により子どもたちに食育支援活動を行ってきたが、アンケートや学生のレポートなどから食育を支援される側である受講生やその保護者、食育を支援する側である学生の双方に、食に対する意識変容に影響を及ぼすことができたのではないかと考える。また、運営のサポートを行った各学科の教員と体育会の職員、学生達の連携は、まさに「共創」であり、それぞれが得意とする分野で自分たちができることや役割を考え、「共創」という手段を用いた「食育」活動であった。

　「あいたん元気っ子クラブ」での活動がきっかけとなり、宇和島市さくら観測隊の活動に参加することができ、また、愛媛大学農学部主催の食育シンポジウムでこのプログラムを紹介する機会をいただくなど、地域や多くの人とのつながりができた。筆者にとって、この実践は「食育」の原点である。

　その後も、愛媛県愛南町や松山市の食育推進委員、山口県下関市の唐戸魚食塾のスタッフなど、各地で食育活動に関わってきた。現在は、石川県金沢市で管理栄養士の養成の傍ら、新たな共創による食育活動を模索中である。

謝辞

　本稿を執筆するにあたり、貴重なご教示とご協力をいただいた皆様にお礼申し上げます。「あいたん元気っ子クラブ」運営に際して、愛媛女子短期大学生涯学習の矢野和佳子センター長をはじめAITAN LLC委員ならびにAITAN体育会監督・学生の皆様のご支援があってこそ実施することができました。心より感謝申し上げます。

文献

内閣府（2006）：食育白書（平成18年度版）、2-26

食育基本法（法律第63号）（2005）：官報号外第134号

独立行政法人日本スポーツ振興センター（2007）：平成17年度児童生徒の食生活等
　実態調査報告書（独立行政法人日本スポーツ振興センター）

内閣府（2009）：食育白書（平成21年度版）、99-101

永田順子、宇津木しのぶ（2009）：食育推進が期待されている組織に属する人の食
　育の重要性についての認識、栄養学雑誌67、112-121

西村栄恵、土海一美、榎本理央、後藤由佳、岡田美紀（2011）：小学生を対象とし
　た食育について―あいたん元気っ子クラブでの食育実践報告―、愛媛女子短期
　大学紀要第22号、133-141

第11章

栄養教諭による食育と学生ボランティア
—小学校における食育プログラムの実践をもとに—

嶋田　さおり

１．はじめに

　食育基本法の制定以降、幼稚園や小・中学校では栄養教諭などを中心に様々な食育の取組がなされている。幼児期や学童期は、将来に向かって主体的、自立的な食物選択能力を身に付ける重要な時期であり、この時期の食習慣は、将来の食生活へ習慣化されやすい。したがって、成長期にある子どもたちへの食育は生涯にわたる健康づくりの基礎となり、極めて重要であるため、学校においてその中心を担う栄養教諭への期待は大きい。各地で食育推進活動が展開されるようになったが、いくつもの課題がある。代表的なものとして、保護者が子どもの食生活を十分に把握して、管理することが困難な状況になってきていること、地域や学校ごとの食育実践事例は報告されているが、その取組は地域差や学校差が大きいことなどがある。このような課題を解決するために、栄養に関する専門性に裏打ちされた効果的な食育をすべての学校で行うことが求められている。さらに、食品の安全性に対する信頼性が揺らいでいる中、食品の品質や安全性について、正しい知識や情報に基づいて自ら判断できる能力を身に付けさせる必要がある。それから、栄養や食事のとり方について、正しい知識に基づき子ども自らが判断し、食をコントロールする自己管理能力を育成するために、栄養及び教育の専門家である栄養教諭が中心的な役割を担う必要がある。

　学校での食育は、身体の健康管理のための栄養指導だけではなく、食を通

じて地域の理解を深め、食文化や郷土食を継承し、食事による団欒などを通じた人間関係の構築や社会性を身につけさせることも必要である。学校は、児童・生徒への食育を進める上で大きな役割を担っており、その中心となるのが栄養教諭である。栄養教諭が環境と調和のとれた食料の生産とその消費等に配意し、家庭や地域におけるコーディネーターとしての役割を果たしながら地域の特性を活かした食育を推進することにより、地域の活性化と食料自給率の向上にも貢献することができる。例えば、従来、個別に実施されている植物の栽培、調理実習、健康に関する授業を組み合わせ、融合することで、教育を受ける側にとってわかりやすく具体的で生活に根差した内容となる可能性がある。しかし、栄養教諭制度が導入されたものの、すべての学校に栄養教諭が配置されていないことや、学校全体の協力体制が充分でないことなどから、学校による差が大きいという現状がある[1]。

そこで、各地域の大学で栄養教諭を目指す学生が、学んだ知識や技術を実際の教育現場で生かし、ボランティアとして学校での食育に協力することで、地域と学校の共創による充実した食育が実現可能となる。ボランティアとして活動する学生にとっては、食育推進に貢献しながら大学で学んだ知識や技術を生かす機会となり、意欲の向上にもつながる。このような栄養教諭を中心とした地域との共創による食育システムの構築が急務である。本章では、栄養教諭配置後の学校における食育の現状と課題を把握し、栄養教諭の果たすべき役割を明確にした上で、学校・家庭・地域が一体となった共創による食育の重要性について提案する。

2．学校給食の教育的意義と栄養教諭の役割

2005年度に栄養教諭制度が創設され、同年6月10日に成立し、7月15日に施行された食育基本法は、第5条、第6条に子どもの食育における教育関係者の役割、第11条第1項に教育関係者等の責務、第20条に学校、保育所等における食育の推進、第21条に地域における食生活改善のための取組の推進に

ついて定められており、教育関係者の取組に大きな期待が寄せられている。

　2008年6月には、近年の児童・生徒の肥満、脂肪エネルギー比率の増加、野菜不足などから、学校給食を見直す必要があるとして、学校給食法の一部改正が行われた。学校給食法の改正は、1954年の法律制定以来、初めてのことである。

　改正の内容は、法律の目的を定めた第1条で、学校給食の目的を「学校給食が児童及び生徒の心身の健全な発達に資するものであり、かつ、児童及び生徒の食に関する正しい理解と適切な判断力を養う上で重要な役割を果たすものであることにかんがみ、学校給食および学校給食を活用した食に関する指導の実施に関し必要な事項を定め、もって学校給食の普及充実及び学校における食育の推進を図ることを目的とする」とし、従来の学校給食の普及充実に加えて、学校における食育の推進を新たに規定している。第2条で、4つの目標から、食育の観点を踏まえて新たな目標を加え次に示すように7つの目標とした。第2条「学校給食の目標」に関する具体的な変更は、次のとおりである。

【改正前】

一　日常生活における食事について、正しい理解と望ましい習慣を養うこと。

二　学校生活を豊かにし、明るい社交性を養うこと。

三　食生活の合理化、栄養の改善及び健康の増進を図ること。

四　食糧の生産、配分及び消費について、正しい理解に導くこと。

【改正後】

(1)　適切な栄養の摂取による健康の保持増進を図ること。

(2)　日常生活における食事について正しい理解を深め、健全な食生活を営むことができる判断力を培い、及び望ましい食生活を養うこと。

(3)　学校生活を豊かにし、明るい社交性及び協同の精神を養うこと。

(4)　食生活が自然の恩恵の上に成り立つものであることについての理解を深め、生命及び自然を尊重する精神並びに環境の保全に寄与する態度を養うこと。

(5) 食生活が食にかかわる人々の様々な活動に支えられていることについて
　　の理解を深め、勤労を重んずる態度を養うこと。

(6) 我が国や各地域の優れた伝統的な食文化についての理解を深めること。

(7) 食糧の生産、流通及び消費について、正しい理解に導くこと。

　食生活の変化に伴う朝食欠食や子どもの肥満の増加、過度の痩身傾向、食料自給率の低下などが近年問題となっていることから、改正された学校給食法には、学校給食を活用した食に関する指導の充実、学校給食の水準及び衛生管理を確保するための全国基準の法制化が盛り込まれている。

　学校給食法の改正により、栄養補給のためだけでなく、教育の一環として実施されてきた学校給食の教育的意義が明確になった。

　栄養教諭は、学校給食の管理と食に関する指導を一体的に管理する立場にある。児童・生徒に対して食に関する知識を教えるだけでなく、知識を望ましい食習慣につなげられるような実践的な態度を育成するべきである。そのためには、まず、学校における指導体制の充実を図る必要がある。その体制において、各教科の時間に取りあげた食に関する課題を給食の指導に繋げ、学校給食を生きた教材として活用することによって実践的な指導を行うことができる。さらに、学校での取組をさまざまな手段で家庭に伝えることで、家庭での食育の充実も図ることができると考えられる。

　以上のことから、学校における指導体制、食に関する指導内容、学校給食、家庭での食育に関する 4 つの充実を視点とした食育プログラムを考案し、実際に取り組んだ事例について次に紹介する。

3．栄養教諭を中心とした食育推進と食育プログラムの効果

　食育基本法の成立以降、幼稚園や小・中学校では様々な食育の取組がなされている。幼児期や学童期は、将来に向かって主体的、自立的な食物選択能力を身に付ける重要な時期である。この時期の食習慣は、将来の食生活へ習

慣化されやすい。したがって、成長期にある子どもたちへの食育は生涯にわたる健康づくりの基礎となり、極めて重要である。

　愛媛県愛南町は2004年に旧５か町村が合併し誕生した町である。2015年度の国勢調査によると人口が21,902人で、過去20年間の人口推移は1985年以降減少傾向が続き、高齢者人口の割合が約４割である。内陸部は農林業、海岸部は漁船漁業および魚類養殖の水産業が中心である。愛南町では、2005年から学校全体、さらには地域ぐるみで「ぎょしょく教育」に取り組んでいる。「ぎょしょく教育」とは、従来取り組まれてきた魚を食べることに特化した「魚食普及」とは異なり、魚の生産や流通から消費、環境、文化など、魚をめぐる諸事象を体系的に学習すること、そして、五感を通じた実体験や本物に触れることを特徴としている。愛南町は、2011年に愛媛大学と連携して、愛南町ぎょしょく普及推進協議会で実践し、「愛南ぎょしょく教育プラン」を策定している。この「ぎょしょく教育」をもとに様々な形で食育に取り組んでいる食育の先進地域である。今回は、事例対象として愛南町内の小学校で実施した地域との共創による食育について紹介する。

　食育プログラムの内容を決定するに当たり、事例対象校の実態を踏まえ、文部科学省が示す食に関する指導の目標を参考に、重点的に指導すべきことを３つのテーマとして設定した。テーマごとの食育プログラムの概要は**表1**のとおりである。

　事例対象校で実施した食育プログラムの効果と今後の課題は次のようにまとめられる。

①児童は栄養バランスや食事のマナー、自分が食べているものやその栄養的な役割についての意識や関心が高まる傾向にあった。今後は、児童がやってみたいと考えていることをいかにして実践できるよう支援するかを検討する。また、保護者に対する調査結果から、子どもに食べ物や料理について話をすることは取り組みやすいが、野菜を育てるなどの体験的な活動は家庭では実践しにくい状況にあることが明らかになった。

②特産物や郷土料理の認知度は高くなったが、姿寿司、ふかの湯ざらし、茶

179

表1　食育プログラムの概要

テーマ1　体験を通して食についての知識や自己管理能力を身に付けさせる学習指導の改善	
内	1）食育の視点に立った学習指導の見直し
	・　食育の全体計画をもとにした学年別年間指導計画の作成
	・　食育の教材開発や校内環境の整備
容	2）行政と連携した「ぎょしょく教育」の推進
	・　水産課産業振興室と連携したぎょしょく体験学習の実施
・	・　保健福祉課と連携した魚食推進行事の企画・立案
	3）地域で食材の生産に関わる方々との交流
計	・　生活科や家庭科、総合的な学習の時間を中心にした取材活動
	・　地域の農業生産者を招いての栽培活動
画	4）指導者の資質向上を目的とした食に関する研修
	・　先進地域における実践研究の視察研修
	・　食に関する授業力の向上を目指した校内研修
テーマ2　食についての興味・関心を培い、会食の楽しさを味わわせる給食時間の工夫	
内	1）生産者や地域関係者と協力した地産地消メニューの開発
	・　関係者及び関係諸団体とのメニュー協議
容	・　郷土料理や地域食材の調査と研究
	2）望ましい会食の在り方についての指導
・	・　異学年交流給食や青空給食等の実施
	・　食事のマナーに関する継続的な指導
	3）給食指導を始めとした食育への理解を深める活動
計	・　低学年保護者・地域関係者との給食試食会
	・　栄養教諭が加わった食育指導の参観
画	4）食材や生産者、調理者への感謝の気持ちを高める運動
	・　食材や食に関わる人に対する感謝の気持ちを表現した歌の作成
	・　児童の食に関する興味を喚起する食育コーナーの充実
テーマ3　学校と家庭が協力して児童の心身をはぐくむ食育の充実	
内	1）保護者と協力した食育活動の推進
	・　栄養バランスのとれた朝食レシピの作成
容	・　講師を招いての親子料理教室の開催
	2）食育情報の発信
・	・　献立や食材に関わる給食だよりの発行（毎月1回）
	・　保護者の啓発を目的とした食育だよりの発行（毎月2回程度）
計	3）食生活にかかわる情報交換会の開催
	・　肥満傾向やアレルギーをもつ児童の保護者に対する個別相談
画	・　食生活改善に向けた講演会・学習会の実施

飯、媛っこ地鶏については認知度が30％以下と低値であった。これらについては、今後、給食や授業で取り入れるなどの工夫をする。

③学校給食が楽しいという児童が増加し、同時に給食を残す児童が減る傾向にあった。学校給食が楽しい理由として「みんなと一緒に食べられるから」が最も多かったことから、共食することが食事の楽しさにつながって

いることが明らかになった。

④朝食を毎日食べる児童は88.7％に増加した。朝食摂取率向上のために、児童が「食べたくなかった」理由や、「その他」の内容を把握するとともに、家庭への有効な働きかけの方策を検討し、保護者の食に対する関心をさらに高めて行く。

⑤家族そろって夕食を食べる家庭は増加傾向にあった。食事の際の挨拶や箸の持ち方などの食事マナーに関することは、子どもたちが家族と一緒に食事をとることによって保護者が注意を促す機会が増えるので、今後は共食の支援に重点を置く。

⑥食育の認知度が77.2％と向上した。しかし、食の情報を「ぜひ知りたい」、「ためになるのであれば知りたい」という割合は減少傾向にあったため、今後は常に新しい知見を取り入れ保護者がためになると思う情報を精選し発信する。

事例対象校では、栄養教諭一人で食に関する指導をするのではなく、栄養教諭が中心になり、他の教職員や保護者、地域と連携協力し全教育活動を通して食に関する指導を行うことができるように配慮し、全教職員の共通理解のもとに食育プログラムを作成し実践した。食育プログラムの実践については、近年、さまざまな報告がある。小学生を対象とした食育プログラムの実践は、堀西らのカルタを使用した研究[2][3][4]や今野らの地域資源を活用した研究[5]などがあるが、全児童および保護者を対象に全教員で取り組んだ事例はほとんど見られない。食育を効果的に進めるためには、全教職員が子どもや家庭、地域が抱える食に関する問題について知り、そのうえで食育の必要性を理解し、さらにその問題を解決するためにはどのような具体的な方策を講じればよいのかを学校全体で明確に示した上で取り組む必要がある。栄養教諭は学校給食の管理と、その給食を使い、全教育活動を通して食に関する指導を実施できるように道筋をつける役割を持つ[6]。その際、栄養教諭はその高い専門性を生かし、食に関する指導に関わる全体計画の策定に中心

となって参加し、積極的にその指導に関わるとともに、その連携と調整の役割を果たすことが重要である。本食育プログラムでは、学校と家庭が連携しながらそれぞれの立場で役割を果たし、地域全体の協力を得て取り組んだことにより、教育的な効果をあげ、同時に課題も明確にすることができた。

4．食育に携わる学生ボランティア活動

　栄養教諭を中心として、学校が地域社会と連携して食育に取り組むことは、児童生徒が地域の良さを理解するとともに、食事の重要性や、食事を大切にする態度や心を育てる上でも大きな効果が期待できる。そのためには、その土地の歴史や特産品、郷土料理などについて熟知している地域の方々の協力が不可欠である。近年、学校の食育を推進する上で、地域のことに精通し食に関する知識も有するボランティアの方々の存在は大変大きくなっている。第 4 次食育推進基本計画でも、食育の推進に関わるボランティア数の増加、多様な関係者の連携・協働の強化、専門的知識を備えた人材の多面的な活動の促進などの内容が盛り込まれている。そこで本稿では、食育に関わるボランティアの活動実態についても調査を行った。本稿では、栄養教諭を目指す学生によるボランティアを「学生ボランティア」と定義した。本節では、食育推進の牽引役となり得る学生ボランティアについて活動内容と評価について整理し、共創による食育の一翼を担うボランティアへの提言を行う。

【活動内容】
　（1）研修活動
　学生ボランティアとして活動するに当たっては、その活動に必要な知識や技術を習得する必要があると考えられ、研修を実施し、それを研修活動と位置づけ、その後、実際にボランティア活動を実施した。
　研修活動としては、生産農家との交流、食品工場・研究所の見学、食に関する知識の学習会を実施した。生産農家との交流については、無農薬で野菜

を栽培している生産農家の方々を訪問し、栽培方法や栽培上苦労していることなどについて直接話を聞き、農業体験をさせていただくという内容で2回実施した。食品工場・研究所見学は1回の実施に留まったが、県内にある食品メーカーの工場と愛媛県農林水産研究所水産研究センターを見学し、担当者より説明を受けた。食に関する知識の学習会では、第1回　日本人の食生活の現状、第2回　食料生産と農業、第3回　食品表示、第4回　栄養に関する情報収集とその活用方法というテーマで学習した。

（2）実践活動

　次に実践活動では、**表2**に示すように、小学校での食育、学校給食業務の補助、大学祭での啓発活動、自主的な食育に関する働きかけを行った。小学校での食育では、児童への給食指導および食に関する授業の補助を行った。実施回数は、各2回ずつであった。学校給食管理業務の補助は、学校給食の献立を一人1日分ずつ作成し、その献立が出される日に調理業務を補助するという内容で実施した。大学祭での啓発活動は、愛媛県の地場産物と郷土料

表2　ボランティアの活動内容

	活動内容
1 研修活動	生産農家との交流
	食品工場・研究所見学
	食に関する知識の学習会
	第1回　日本人の食生活の現状
	第2回　食料生産と農業
	第3回　食品表示
	第4回　栄養に関する情報収集とその活用方法
2 実践活動	小学校での食育
	児童への給食指導
	食に関する授業の補助
	学校給食管理業務の補助
	学校給食献立の考案
	学校給食の調理補助
	大学祭での啓発活動
	地場産物と郷土料理の紹介
	1日に必要な野菜量の展示
	食生活のアドバイス
	自主的な食育に関する働きかけ

理の紹介、１日に必要な野菜量の展示、そして、来場者に食生活に関するアンケートに答えてもらい、食生活の改善点などをアドバイスするという活動であった。実施回数は、学生一人につき１日に２時間担当し、２日間実施した。自主的な食育に関する働きかけについては、家族や友人に対して一人につき最も少ない学生で５回、最も多い学生で30回実施され、平均すると18回であった。その内容は栄養バランスが最も多く、次いで地場産物、郷土料理、食事バランスガイド、食生活の現状が続いていた。

　結果として、学生ボランティアとして活動することは、食育推進に貢献しながら大学で学んだ知識や技術を生かす機会となり、栄養教諭をめざす学生の意欲を高めることにつながった。

　ボランティア活動に参加した学生に対し、成果と今後の課題についてインタビュー調査を行った。内容を類似性に基づいて25の１次コードとして整理した。さらに、類型化を繰り返し、10の２次コード、５つの３次コードに整理した。その結果は表３に示したとおりである。活動の成果は、食育推進活動に必要な知識・技術の獲得、自分の食生活の変容、対象者の食生活の変容、地域に対する理解の４つにまとめられた。今後の課題は、研修の機会の確保、連携の必要性、継続の必要性であった。

　食育推進活動に必要な知識や技術の獲得については、栄養士養成課程に在籍する学生であるから、大学ですでに学習した内容も含まれるが、体験的な活動は学生にとって初めての経験となったため、成果の一つにあげられたと思われる。自分の食生活の変容に関する１次コードの内容の人数が少ないのは、栄養士・栄養教諭を目指す学生として食生活には以前から気を付けていた学生が多いことが原因だろう。対象者の食生活の変容については、対象者に感謝されることが栄養士としての喜びややりがいを感じることにつながる。地域に対する理解については、地場産物や郷土料理について知ることで、郷土の良さを理解し、それを受け継いで後の世代へ伝えるために教育現場で取り上げることの必要性に気付いたといえる。今後の課題については、専門的知識は新たな知見を踏まえて更新していく必要があるので、ボランティアと

表3　学生ボランティアによる成果と今後の課題（参加者のインタビューにより作成）

3次コード	2次コード	1次コード（人）
1　食育推進活動に必要な知識・技術の獲得	食育に関する体験的活動	生産農家との交流（5） 食品工場見学（2） 小学校での食育（3） 大学祭での啓発活動（5）
	食に関する知識の学習	現代の食生活の問題についての理解（3） 食事バランスガイドについての理解（4） 食育 SAT システムについての理解（1）
2　自分の食生活の変容	食事バランスへの配慮	野菜摂取量の増加（2） 塩分摂取量に配慮（2） 魚の摂取量の増加（3） 朝食欠食の減少（1）
	食品表示の確認	飲料の表示確認（1） 惣菜の表示確認（3）
3　対象者の食生活の変容	意識・行動の変容	食事バランスへの配慮（5） 規則正しい食事時間（4）
4　地域に対する理解	地場産物の認知・理解	地場産物の購入・消費（6） 学校給食への利用方法の検討（1）
	郷土料理の認知・理解	郷土料理の調理（3） 郷土料理の伝承（3）
5　今後の課題	研修の機会の確保	専門的知識（4） 対象者への指導・支援の方法（6）
	連携の必要性	家庭との連携（5） 学校内の連携（1） 行政との連携（3）
	継続の必要性	生涯における間断ない食育の必要性（4）

して活動するためには、定期的な研修の機会を確保する必要がある。食育は一朝一夕に結果が出るものではなく、継続的に、そして多方面と連携協力しながら進めていく必要があるだろう。

5．食育システム構築に向けた検討

　2019年発行の「食に関する指導の手引」において、学校・家庭・地域で食育を推進することの必要性が掲げられている。事例対象校の食育プログラムは、教科等や総合的な学習の時間との関連を図りながら、地域の方々や保護者の協力を得て、体験的な活動を重視した内容で実践した。それによって児童の食に関する学びが深まり、食行動の変容が見られた。今後は迅速に成果

図1　食育システムの概念1：食育実践のPDCAサイクル（筆者作成）

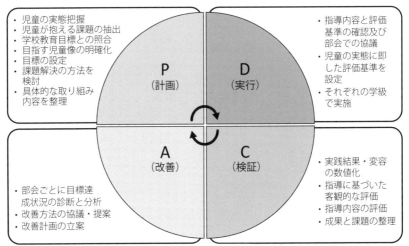

- 児童の実態把握
- 児童が抱える課題の抽出
- 学校教育目標との照合
- 目指す児童像の明確化
- 目標の設定
- 課題解決の方法を検討
- 具体的な取り組み内容を整理

P（計画）

D（実行）

- 指導内容と評価基準の確認及び部会での協議
- 児童の実態に即した評価基準を設定
- それぞれの学級で実施

A（改善）

C（検証）

- 部会ごとに目標達成状況の診断と分析
- 改善方法の協議・提案
- 改善計画の立案

- 実践結果・変容の数値化
- 指導に基づいた客観的な評価
- 指導内容の評価
- 成果と課題の整理

や課題を把握し、計画や実践の見直しを図ることができるように、食育実践のPDCAサイクルとして**図1**に整理した。これは食育指導の流れを示すものであり、これを食育システムの概念1と措定したい。食育に関わる指導や家庭との連携は、栄養教諭がコーディネートした上で、学級担任を中心にそれぞれの取組を異なる集団で振り返り、検証することで、より円滑な食育推進が図られると考える。

　本稿の事例対象校では、組織的な食育の推進のために、栄養教諭を中心に各部の管理職や学年主任を中心に、教員個々の特性を活かしながら、共通理解も図ることができる食育推進体制を整えていた。学校のみならず、すべての家庭において、食の重要性を理解してもらい、食に対する意識を高め、望ましい食生活を実践してもらうためには、ボランティアを通してPTAとの連携を図りながら、継続的に取り組み、自主的な活動となるような働きかけをする必要がある。また、ボランティアが学校と家庭や地域の橋渡し役となることにより、様々な機会を活用した多彩な食育を展開することができる。このような学校・家庭・地域が一体となった共創による食育推進体制を示し

図２　食育システムの概念２：学校における食育推進体制（筆者作成）

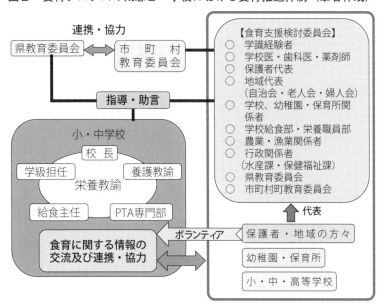

たものが**図２**であり、食育システムの概念２とする。

　最後に、事例対象校をもとに、学校内での協力体制づくり、地域や家庭との協力体制づくり、ボランティアの参画体制づくりを次のとおり提言する。

（1）学校内での協力体制づくり

　子どもたちの食生活上の問題を解決するために、教職員が職場内において情報や問題の共有化を図り、問題解決に向けた具体的な方向性を明確にする。栄養教諭は、保護者のニーズを把握し、児童・生徒の問題に客観的な評価を加えて資料化を図り、専門性を発揮して教職員間で共通理解が得られるような資料を作成する。先駆的な食育を継続して進めるためには、その内容を記録し、系統的に整理するなど、すべての教職員が必要とする情報を共有できるよう整備しておく。

（2）地域や家庭との協力体制づくり

　地域の方々や保護者と情報や意見を交換できる機会を持ち、相互理解を図るとともに、実際に協働する場面を作ることにより信頼関係を確立する。栄養教諭や養護教諭、学級担任は、常に児童・生徒の食生活上の問題の把握に努め、新たな問題に迅速に対応できるよう食育の内容の充実に努める。

（3）ボランティアの参画体制づくり

　栄養教諭を目指す学生だけでなく、地域の方々や保護者に対しても学習の場を提供するなどの支援を行うことにより、多くの方々にボランティアとして学校とのかかわりを持ってもらう。多くのボランティアに学校における食育に参画していただくためには、ボランティア活動を推進するリーダーを育てることが重要である。ボランティア組織としてのルールづくりや、役割分担など活動を継続的なものにすることができるよう体制づくりを学校側が支援する。栄養教諭がアドバイザーとなり、ボランティアが学校、家庭、地域の橋渡し役となり、それぞれが主体的に食育に取り組み、目指す方向に進展させる。

6．おわりに

　学校が家庭や地域と連携・協働し、食育を推進するためには、家庭や地域においても食育に対する理解が進み、食育の取組が推進されるよう、体制整備を充実させることが重要である。本章では、栄養教諭を中心とした学校・家庭・地域が一体となった共創による食育システムの構築を目指して、愛媛県愛南町の事例について報告した。本事例は、栄養教諭をはじめ関係者とともに、身体の健康管理のための栄養教育だけではなく、地域の方々や行政の協力を得て、体験的な活動を重視した内容で食育を実践した。食育を推進するに当たっては、まず、校長のリーダーシップのもとに学校内における協力

体制を確立する必要がある。食育には家庭、地域との連携が不可欠で、その橋渡し役としてボランティアを位置付けた。それによって、情報の共有、環境の整備、地域資源の有効活用が可能になる。このような食育推進体制が整った上で、迅速に成果や課題を把握し、計画や実践の見直しを図ることができるよう、PDCAサイクルに基づき、児童・生徒の食生活の現状、保護者の考え方、家庭環境、子どもを取り巻く地域や社会の状況などの実態を把握する。その後、児童・生徒の食生活上の問題点を抽出し、目標を設定する。そして、目標に合わせて集団指導あるいは個別指導のどちらを実施するかを決定し、食に関する指導を実施する。指導の実施後には指導内容や効果を評価し、適宜改善を行い、これを繰り返しながら指導を積み重ねる。常に、児童の「こうなりたい」という思い、教員の「何を身に付けさせたいか」という思いを考慮して新たな目標を設定し指導する。このような一連の食育の流れを食育システムとして提案しておきたい。

　事例対象校では、子どもたちは食を通じて地域の理解を深め、食文化や郷土料理を継承し、望ましい食生活を実践しようという意欲が向上した。食に対する興味や楽しさを人との関わりを通して体感することで、家族や友達、生産者や調理者に対する豊かな心が育つ。各地域には、その地域の歴史や産業に培われた食材や特産物が生産されており、その生産や流通にかかわる仕事に従事する人や経験豊富な地域の人々がいる。このような教育資源・環境、人的資源を家庭や地域と協働して積極的に活用することで、食育に対する理解が進み食育を一層推進することが可能となる。今後もこのような学校・地域・家庭が一体となった共創による食育を実践していくべきであろう。

謝辞

　事例対象である愛媛県愛南町立城辺小学校栄養教諭桑村光香先生（当時）をはじめ関係者の皆様、またボランティア活動でお世話になった愛媛県松山市立石井東小学校栄養教諭坂田香代子先生（当時）と関係者の皆様に心よりお礼申し上げます。

注

1）金田雅代（2005）：栄養教諭制度について、栄養学雑誌、63-1、33-38

2）堀西恵理子、薗田邦博、玉田葉月、丸山智美、北森一哉（2011）：学童保育所における「あいち県版食育カルタ」を用いた食育プログラムとその効果、金城学院大学論集　自然科学編、7-1、10-18

3）堀西恵理子、薗田邦博、玉田葉月、丸山智美、北森一哉（2012）：小学校における「あいち県版食育カルタ」を用いた食育プログラムと効果について―低学年の場合―、金城学院大学論集　自然科学編　8-2、18-24

4）堀西恵理子、薗田邦博、玉田葉月、丸山智美、北森一哉（2012）：小学校における「あいち県版食育カルタ」を用いた食育プログラムと効果について―高学年の場合―、金城学院大学論集　自然科学編　9-19、7-13

5）今野暁子、馬場たまき、小泉嘉子（2010）：地域資源を活用した食育プログラムに関する研究―まち学習の手法を用いた食育ワークショップの実践―、尚絅学院大学紀要60、167-177

6）金田雅代（2011）：三訂　栄養教諭論　理論と実際、建帛社、8-13

第12章

短期大学における栄養士養成と食生活改善
― 公衆栄養からみた "しののめベジガール" の可能性 ―

田中　洋子

1．はじめに

　2020年11月15日、松山東雲短期大学食物栄養学科 2 年生の亀岡ゼミ・田中ゼミの学生で構成する "しののめベジガール" が、中国四国農政局「ディスカバー農山漁村（むら）の宝」コミュニティ部門（関係者の連携による活動で地域に活力をもたらす取組等）に選定された。この「ディスカバー農山漁村（むら）の宝」は、「強い農林水産業」、「美しく活力ある農山漁村」の実現のため、その地域での農山漁村の有するポテンシャルを引き出すことにより、地域の活性化や所得向上に取り組んでいる優良な事例を選定し、全国へ発信する取組であり、中国四国農政局管内144件の応募の中から、13地区および 2 名が選定された。

　2016年より愛媛県と連携し、週 1 コマの「卒業研究」の授業において、愛媛のものづくりを担う若い世代・働き盛りを対象とした愛媛県民の食生活・栄養改善のための「愛（え）顔（がお）のE-IYO（えいよう）プロジェクト」に取り組んできた。亀岡恵子教授とともに指導教員として、学生指導はもちろんのこと、連携先との調整や諸機関への働きかけ、イベント準備や情報発信などを行う。筆者は、これまで管理栄養士として、病床数500以上の総合病院や、行政、健診機関などにおいて、健康の維持・増進、疾病の予防・重症化予防など様々なライフステージを対象として栄養教育に20年以上携わってきた。こうした経験から、学生たちのロールモデルとなることも意識して、

ゼミ学生とともに栄養教育に自ら取り組んでいる。現在、管理栄養士としての経験をいかした実務家教員として、栄養士養成校である短期大学において、教育・研究に携わっている。

　管理栄養士として勤務する傍ら研究に携わるようになったきっかけは、2008年4月から高齢者の医療の確保に関する法律により、40〜74歳の被保険者・被扶養者を対象とした「特定健診・特定保健指導」が各医療保険者に義務づけられたことを契機に、特定保健指導を実施しながら、「健康寿命延伸のためのより良い科学的根拠を得ることを目的にした栄養教育の研究」に取り組むようになったことである。特定保健指導を実施する中で、社会人院生として、メタボリックシンドローム該当者や予備群該当者のごはんの摂取量に着目し、ごはんの摂取量とメタボリックシンドローム罹患の関連を明らかにし、一般社団法人日本農村医学会第63回通常総会において「平成26年度日本農村医学会研究奨励賞」を受賞し、さらに時間栄養学的視点に基づいて食事時間と肥満との関連を明らかにした。

　これらの知見を食育実践に展開し、「朝食を食べよう！野菜を食べよう！」をスローガンに、色とりどりの手作り野菜帽をかぶった"しののめベジガール"は、愛媛県、連携企業、地域の皆様とともに、愛媛県民の食生活改善に継続して取り組んでいる。様々なステークホルダーが関与する地域において、中立的な立場である「大学を核とした共創による地域づくり」が、今後、地域の活性化には重要であると考える。

2. 公衆栄養学の視点からみた健康障害と食習慣の影響

（1）男性のメタボリックシンドロームには、ごはんの1日摂取量が大きく影響する

　2005年に、日本内科学会などの8つの医学系の学会が、**表1**のように、合同で、メタボリックシンドロームの診断基準を示した[1]。

表1　メタボリックシンドロームの診断基準

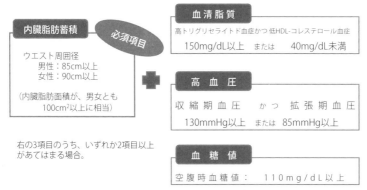

メタボリックシンドローム診断基準検討委員会：日本内科学会雑誌、94（4）、188-203, 2005（の一部を改編）

図1　主な死因の構成割合（令和元年（2019））

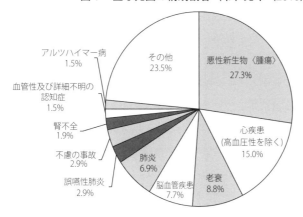

出典：厚生労働省「平成 30 年（2018）人口動態統計月報年計（概数）の概況」

　メタボリックシンドローム（内臓脂肪症候群）とは、内臓脂肪型肥満に高血圧・高血糖・脂質代謝異常が組み合わさることにより、心臓病や脳卒中などになりやすい病態である。厚生労働省「2018人口動態統計（確定数）の概況」によると、**図1**のとおり、2019年の日本人の死因のうち、第2位の心疾患や、第4位の脳血管疾患には、いずれも動脈硬化が原因となって起こることが多い。そして、動脈硬化を起こしやすくする危険因子としては、高血

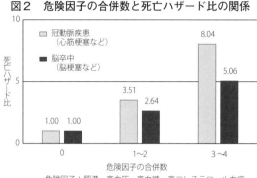

図2　危険因子の合併数と死亡ハザード比の関係

圧・糖尿病・脂質異常症・肥満・喫煙などがある。日本動脈硬化学会の「動脈硬化性疾患予防ガイドライン2012年版」では、**図2**のように、これらの危険因子は単独でも動脈硬化を進行させるが、危険因子が重なれば、それぞれの程度が低くても動脈硬化を促進し、心臓病や脳卒中の危険性が高まるとされている

　特定保健指導を実施する中で、ごはんの摂取量が多いことが内臓脂肪蓄積の原因となっている人が多いことより、ごはんの摂取量とメタボリックシンドローム罹患との関連を明らかにするため、2008年4月から2010年11月末までの約3年間の人間ドックを愛媛県厚生連健診センターにおいて受診した者のうち、40歳から75歳未満の男性6,095名について解析を行った。

　人間ドック受診者は、(1) 運動、睡眠、家族構成、喫煙、飲酒状況の問診項目、(2) メタボリックシンドロームに着目した特定健診の標準的な質問票の問診項目、(3) 食傾向や大まかな食事量が把握できるオリジナルの詳細な問診項目に回答し、腹囲測定を含む身体計測のほか、血圧などの生理学的検査や血清生化学検査を受診した。

　ごはんの摂取量により、Ⅰ群（ごはんの摂取量が1日あたり300g未満）、Ⅱ群（ごはんの摂取量が1日あたり300gから450g）、Ⅲ群（ごはんの摂取量が1日あたり450g以上）の3グループに群分けし、①40〜49歳、②50〜59歳、③60〜74歳の年代ごとに、年齢や各食品の摂取量、血清生化学検査、食品の

図3　年代別メタボリックシンドロームに対する各要因の調整済みオッズ比

※各年代とも I 群を1とした場合

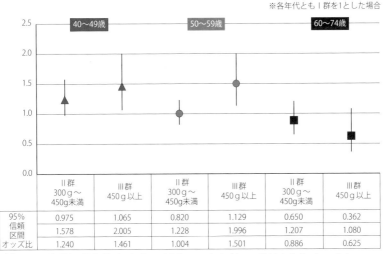

	II群 300 g ～ 450g未満	III群 450 g 以上	II群 300 g ～ 450g未満	III群 450 g 以上	II群 300 g ～ 450g未満	III群 450 g 以上
95% 信頼 区間	0.975	1.065	0.820	1.129	0.650	0.362
	1.578	2.005	1.228	1.996	1.207	1.080
オッズ比	1.240	1.461	1.004	1.501	0.886	0.625

出典：Watanabe Yoko , Daily Rice Intake Strongly Influences the Incidence of Metabolic Syndrome in Japanese Men Aged 40-59 Years. Journal of Rural Medicine, 8(1) ; 161-170, 2013

　摂取頻度や同居家族形態などについて解析を行った。これらの中で、3群間において有意差が認められた項目を交絡因子として、さらに解析を行った。図3のとおり、40～49歳・50～59歳ではそれぞれ、I 群に対してIII群でメタボリックシンドロームの罹患リスクが1.5倍高くなるという有意な関係が認められた。60～74歳では有意差はみられなかった。

　これらのことより、40～59歳の男性においては、ごはんの摂取量が多い場合には、その摂取量を控えることがメタボリックシンドローム予防には有効であるといえる。

　60～74歳の男性では、ごはんの摂取量が増加しても、BMI、腹囲、メタボリックシンドローム該当者の割合の増加はみられず、むしろ減少するという結果が得られた。調査当時の平成22年（2010年）国民健康栄養調査の結果をみてみると、図4-1、2に示したとおり、60～69歳の朝食の欠食率は男性9.2%、女性5.4%、70歳以上になると、男性4.2%、女性4.6%と全年代の中でも低い割合となっていた。野菜の摂取量は、図5のように、60～69歳では318.8 g、

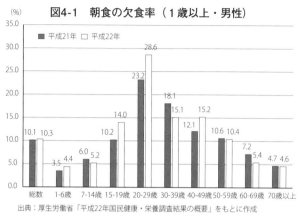

図4-1 朝食の欠食率（1歳以上・男性）

出典：厚生労働省「平成22年国民健康・栄養調査結果の概要」をもとに作成

図4-2 朝食の欠食率（1歳以上・女性）

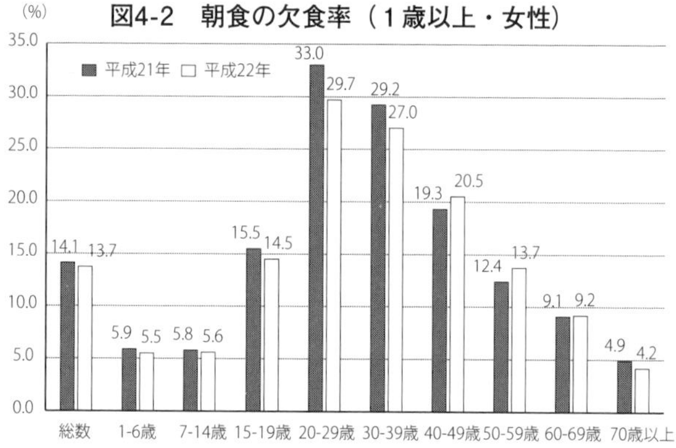

出典：厚生労働省「平成22年国民健康・栄養調査結果の概要」をもとに作成

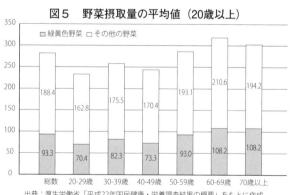

図5 野菜摂取量の平均値（20歳以上）

出典：厚生労働省「平成22年国民健康・栄養調査結果の概要」をもとに作成

70歳以上で302.4gと目標量の350gに近い野菜量が摂取できているのも60歳以上であった。

　また、本研究の運動に関する調査結果[2]より、1日に30分以上の運動を週2日以上、1年以上実施している者の割合は、40〜59歳と比較して、60〜74歳で最も多く、歩行または同等の身体活動を1日1時間以上実施している者の割合も同様に、60〜74歳が最も多くなっていた。これらのことより、60〜74歳においては、健診後の事後指導などの機会が増え、様々な健康行動につながっているため、結果としてごはんの摂取量が増加しても、BMI、腹囲、メタボリックシンドローム該当者の割合の増加はみられなかったと推察される。

（2）64歳未満の男女において、朝食欠食は肥満を助長する

　図6-1・2のとおり、日本人のエネルギー摂取量は、厚生労働省の「2010年国民健康・栄養調査」データによると、1971年の2,287kcalをピークに、それ以降減少傾向にある。それにも関わらず、厚生労働省の国民健康・栄養調査結果で比較してみると、日本人男性の肥満者（BMI: $25kg/m^2$以上）の割合は、1973年14.0％であったのに対して、2018年では32.2％に増加している。このエネルギー摂取量の減少と肥満者の増加の矛盾を解く鍵が、「時間栄養学」である。

　時間栄養学とは、大きく分けて、「食べる時間」「食べる速度」「食べる順番」の3つの要素がある。「食べる時間」については、「朝食」が重要な鍵となる。文部科学省の2011年小中学校教育課程実施状況調査によると、小中学生を対象として朝食欠食が学力や運動能力に著しく影響を及ぼしていることが明らかにされている。

　愛媛大学医学部では、2009年度より東温市において、効果的な循環器疾患予防のためのより良い科学的根拠を得ることを目的にした「東温スタディ」を実施している。

　2011年から2013年までの2年間、この「東温スタディ」を受診した者のう

図6-1　日本人1人1日あたりの摂取エネルギーの変遷

（厚生労働省2000年までは「国民栄養調査」2005年以降は「国民健康・栄養調査結果の概要」をもとに筆者作成）

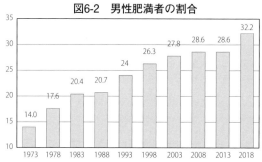

図6-2　男性肥満者の割合

（厚生労働省2000年までは「国民栄養調査」2005年以降は「国民健康・栄養調査結果の概要」をもとに筆者作成）

ち、29歳以上79歳未満の男性286名、女性480名、合計766名を調査対象として、「時間栄養学」の視点に基づき、食事時間と肥満との関連を身体計測値（身長・体重・BMI・腹囲）、血圧、血清生化学検査値（空腹時血糖値・75gブドウ糖負荷2時間後血糖値・HbA1c・T-CHO・HDL-CHO・LDL-CHO・TG）、栄養摂取量、生活習慣、一日エネルギー消費量から検討を行った。

　栄養摂取量の把握は、食物摂取頻度調査用紙FFQg Ver.3.5を使用し、栄養素解析には、エクセル栄養君Ver.6.0（ともに建帛社、東京）を用いた。朝食・昼食・夕食の時間と、間食・夜食の有無、間食・夜食をとる場合にはその時間について、オリジナルの問診票で聞き取りを行った。

　そして、夕食または夜食から寝るまでの時間が3時間未満の群と3時間以上の群との違い、朝食の有無による違いを比較した。

１）夕食または夜食後から寝るまでの時間が３時間未満の群と３時間以上の群
　　での比較

　時間栄養学に関するデータの解析は、まず夕食または夜食後から寝るまで
の時間が３時間未満の群と３時間以上の群の２群において、身体計測値、血
清生化学検査値、FFQgから得られる栄養に関するデータについて比較を行
った。

　BMI及び腹囲は、表２のように、どちらも有意に３時間未満群、つまり食
後から寝るまでの時間が短い方が高い値を示した。また、図7のとおり、１
日あたりに摂取したエネルギー、たんぱく質、脂質とも有意に３時間未満群
の方が摂取量が多い結果になっていた。

表２　身体計測値

夕食〜就寝時間		3時間未満	3時間以上		P-value
BMI	(kg/m²)	23.6	22.5	*	0.017
腹囲	(cm)	84.9	82.4	*	0.034
朝食欠食		あり	なし		P-value
BMI	(kg/m²)	23.7	22.7		0.345
腹囲	(cm)	86.1	82.9		0.082

　時間栄養学の視点からみても、夜間は最も太りやすい時間帯とされており、
これには、肥満遺伝子の１つであるBMAL1が関与していることが報告され
ている[3]。つまり、午後10時から翌午前２時は、BMAL1が最も活発に活動
する時間帯であり、夕食が遅くなるほどBMAL1の働きが強くなり、内臓脂
肪がつきやすくなるのである。

　これらのことから、肥満を予防するポイントとして、脂肪を多く含む食事
を夜遅く摂取することを避け、夕食または夜食後から就寝までの時間は、３
時間以上あけることがあげられる。

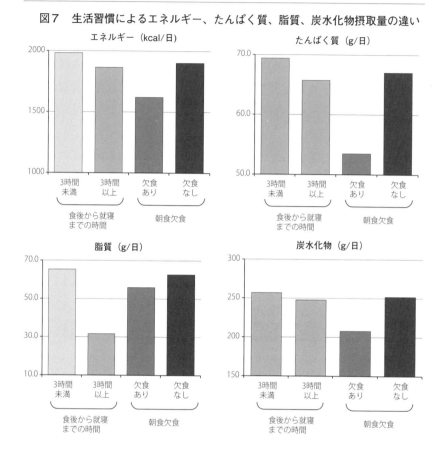

図7　生活習慣によるエネルギー、たんぱく質、脂質、炭水化物摂取量の違い

2）朝食喫食群と朝食欠食群との比較

　朝食喫食群と朝食欠食群の2群においても、同様の解析を行った。BMI及び腹囲は、どちらも朝食欠食群の方が高い値を示したものの、有意差はみられなかった[4]。

　収縮期血圧、拡張期血圧、空腹時血糖値、75gブドウ糖負荷2時間後血糖値、中性脂肪も、**表3**に示したように、朝食喫食群（朝食欠食なし）に比べて、朝食欠食群（朝食欠食あり）で有意に高値を示した。「夜食あり」の割合は朝食喫食群が12.8％、朝食欠食群が36.8％（p=0.014）、「20時以降の食事

表3　朝食欠食の有無による血圧・血糖・脂質の値

朝食欠食		朝食欠食群	朝食		P-value
収縮期血圧	(mmHg)	124	122	*	0.049
拡張期血圧	(mmHg)	79	74	*	0.030
空腹時血糖値	(mg/dl)	98	92	*	0.000
糖負荷2時間値	(mg/dl)	132	123	*	0.041
中性脂肪濃度	(mg/dl)	129	102	*	0.042

あり」の割合は朝食喫食群が20.2％、朝食欠食群が52.6％（p=0.021）と、朝食喫食群に比べて朝食欠食群の方が有意に高い割合を示した[4]。1日のエネルギーおよび栄養摂取量については、図7のとおり、エネルギー、たんぱく質、脂質、炭水化物は、朝食喫食群（朝食欠食なし）に比べて朝食欠食群（朝食欠食あり）で有意に少なかった。

　これらのことより朝食欠食群は、1日の食事摂取量は少ないにも関わらず、夜食の習慣や20時以降の摂食習慣により、血圧や血糖、血中脂質の値が悪化していると言える。

　3）食習慣と腹囲、BMIとの関連

　性別、年齢、就寝前3時間未満の飲食の有無、朝食欠食、夜食あり、間食、21時以降の飲食、その他、肥満に影響を与えるエネルギー、アルコール飲料の摂取、1日合計消費量などの肥満に影響を与える因子の影響を除いて、重回帰分析を実施した。

　朝食欠食は、腹囲、BMIについて、表4のとおり、就寝前3時間未満の飲食は、BMIについてのみ有意差が認められた。つまり、腹囲やBMIについては、就寝前3時間未満の飲食よりも朝食欠食による影響が大きいと言える。

　朝食を欠食すると、エネルギー摂取量が減るにもかかわらず肥満が起こる原因として、朝食欠食は、午前中の活動量が減ると共に、1日の総エネルギー消費量が減少することや、昼食後に血糖値が上がりやすくなることが報告されている[5]。

　体内時計をリセットするためには、遅い時間の夕食よりも朝食を食べるこ

表4　朝食欠食および就寝前3時間未満の夕食と
　　　腹囲、BMIとの関連

	腹囲		BMI	
	β	P-value	β	P-value
朝食欠食	5.271	0.006	1.440	0.044
3時間未満の飲食	1.303	0.101	0.581	0.049

との方が重要であり、朝食の欠食により、時計遺伝子発現の位相がずれて、夜型になり、肥満につながるとの報告もある[6]。

　これらのことより、健診の事後指導などにおいて肥満を予防するためには、夜遅い時間の飲食や朝食欠食などの食習慣がある場合は、いずれの習慣も肥満との関連はみられるが、朝食欠食の改善に重点をおいて指導されることが望ましいのである。この朝食の意義を活動につなげたのが、次に示す"しののめベジガール"の活動である。

3．愛媛県「愛（え）顔（がお）のE-IYO（えいよう）プロジェクト」　と食生活改善"しののめベジガール"の活動

　「平成27年愛媛県県民健康調査」結果において、愛媛県民で朝食を毎日食べていない人の割合は、20歳代男性で約50%、30歳代男性で約40%、30歳代女性で約30%と、特に働き盛りの若い世代で高い状況であった。また、野菜は1日350g食べることを目標としているのに対して、県民が食べている野菜量は1日平均約270gで、目標まであと80g不足していた。そこで、愛媛県では、これからの愛媛を担う若い世代、働き盛りの世代を対象として、健康の維持・増進に重要な役割を果たす食生活の改善をサポートする「愛顔のE-IYOプロジェクト」を展開することになった。E-IYOとは「栄養」、「E（え）－伊予（良い伊予）」、「ええよ（愛媛の方言）」等の意味がこめられている。

　2016年、愛媛県より「愛顔のE-IYOプロジェクト『朝食をとろう！野菜de

朝食キャンペーン』」の協力依頼
を受け、手軽に不足分の野菜が摂
れる朝食メニューの開発を行った。
2017年には、初代 "しののめベジ
ガール" を立ち上げ、先輩の活動
を代々受け継ぎながら、2020年で
4代目となり、初代から "しのの
めベジガール" として活動した学
生数は100名に達する。

写真1　東温市健康フォーラムにおける野菜
　　　　スムージー試飲コーナー（筆者撮影）

　その間、2017年には愛媛県包括連携協定の締結企業であるカゴメ㈱と連携
し、1杯で愛媛県民の不足分の野菜が補える野菜スムージーや野菜スープレ
シピを考案し、学食や東雲祭で販売をした。2018年には一般の方にもスムー
ジーを販売し、カゴメ㈱の食育教室や行政の健康フォーラム等での啓発活動
を行った。（**写真1**参照）2019年は、日本人女性の食物繊維不足を解消すべ
く、白米に、帝人㈱独占輸入のスーパー大麦と愛媛県が生産日本一のもち麦
を混ぜ、お茶碗1杯で不足分の食物繊維が摂取できる「麦麦ごはん」を開発
し、学食での販売に至った。

　そして、これらの活動が新聞やテレビで広報され、毎年新たな行政・企業
や団体から連携依頼を受けた。これまでに愛媛県のほかカゴメ㈱、大塚製薬
㈱、㈱フジ、帝人㈱、東温市、大洲市、久万高原町など年々増え、産学官連
携の継続した取組が実施された。2017～2020年に実施した栄養教育は27件
（2020年はコロナの影響で1件のみ）、テレビやラジオ、新聞・専門紙誌への
掲載などをあわせると、35件にのぼる。こうした広報・PR効果で、"しのの
めベジガール" は徐々に多くの方に認知され、それがやがて信用につながっ
て連携先が増加し、さらに幅広い活動につながっている。

　活動の中で、県産農産物を使用したレシピの開発や、健全な食生活を送る
為に必要な食の知識や食の選択力に役立つクイズ等で啓発を図り、農業生産
者とも連携した小学生親子との枝豆の種植え・収穫・料理教室などを実施し

た。これらの活動は、食に関する感謝の念が深まり、心身の健康増進と豊かな人間形成に資する新たな食育推進運動を展開することができたと思われる。東雲祭の野菜スープ販売でのアンケート調査では、わずかではあるが、様々な年代の人々に朝食摂取・野菜摂取を心がけることや、健康行動を実践することに効果があらわれつつあることが示された[7]。

　このような活動により、学内の授業や学生生活だけでは到底、学べないような知識や技術、実際の栄養教育を知ることができ、これから栄養士として働いていく上で必要なことと思われる。また、卒業研究発表では、やりがいや達成感を感じている学生の声が多く聞かれた。

4．おわりに

　2020年は、新型コロナウイルス感染症の世界的流行が、生活のあらゆる側面に影響を及ぼした。継続して実施してきた栄養教育の場も、もちろん軒並みキャンセルの連絡が相次ぎ、多くの4代目"しののめベジガール"の社会連携のキャンパスが失われた。

　そのような中で、2020年10月24日大洲市「食育講演会」への参加依頼を頂いた。開演前にはカゴメ㈱と連携した「ベジチェック」体験（野菜摂取量を推定）・2種類の野菜スムージーの試飲、帝人㈱と連携した「麦麦ごはん」の試食などを行った。開演後は大勢の参加者を前に、野菜クイズ・野菜スムージーや「麦麦ごはん」の説明を"しののめベジガール"が行った。このような状況でも「できない」ではなく、「最善の注意を払って実施します！」という大洲市の管理栄養士さんの強い意志のもと、大勢の皆様のご協力で実施できたイベントであった。中学生や高校生の参加者もあり、後日、そのうちの一人の中学生からお礼のお手紙と野菜の形をした折り紙が送られてきた。そこには、「栄養士の仕事にとても魅力を感じました。」と書かれてあった。今や「"しののめベジガール"として地域の課題解決に取り組みたい。」と入学志願してくる高校生も多い。

　愛媛大学農学部に3年次編入した先輩 "しののめベジガール" からは、卒業研究で地域課題に取り組むことになり、後輩 "しののめベジガール" に協力依頼があった。その内容は、コロナ禍において消費が落ち込んでいる養殖マダイ需要の掘り起こしである。養殖マダイが抱えている消費問題を栄養士という専門性をいかし、健康面・手軽さ・保存性・新しさの面から商品開発を行った。幅広い年齢層をターゲットとし、「鯛の王子様カレー」「マリネ」「カルパッチョ」「カレー風味さつま汁」「鯛茶漬け」の5品を商品化し、市場デビューをした。今後、養殖マダイの消費に少しでも貢献できることを期待したい。

　このように横のつながりだけでなく、縦のつながりが自然とできてくるのも、"しののめベジガール" が実践する食育の財産である。様々な世代の人が、様々な立場で、この "しののめベジガール" の活動を通して、「共創」の力により、公衆栄養活動の新たな価値を生み出している。学生は教室で得た知識を生かして、地域社会において社会貢献活動を行い、学生と地域社会が連帯することで双方に利益がもたらされている。行政や企業の皆様、地域の皆さんのご協力やご支援を賜り、可能性は格段に広がり、活動を継続することができている。まさに、これこそが「共創」が為し得る食育実践である。

　栄養士養成校としては専門性を生かして支援する役割があり、地域課題や地域の健康課題解決のために、産学官連携が行われることにより、大学としても、社会の信頼を得ながら、組織全体としてその教育・研究活動を一層活発化できると考える。地域社会の課題やニーズに配慮しつつ、地域で活躍することを志向する実践的で、独創性のある人材を育成し、地域社会の発展に貢献していきたい。

　共創による食育に対する期待は、これまでになく高まり、地域の活性化に貢献すべきである。そのためには、地域に位置する大学の社会的役割として、常に「当事者意識」を忘れず、この取組を通して培った力を社会で発揮していける学生を養成するため、今後もこの活動を継続していく必要性があると強く感じている。

　学生は、TV放映の最後に次のように締めくくった。「栄養士を目指して勉
強中です。地域の健康を支えるため、活動をしています。地域を健康で笑顔
に！頑張るぞ！！おー！！！」（2019年7月11日NHKひめポン「キャンパス
めぐり」にて放送されたエンディングより）

　"しののめベジガール"の活動がこれからどのように広がっていくのか、
今後の発展に期待したい。

謝辞

　本章の執筆にあたり、社会人学生時代ご指導いただいた先生方、東温スタ
ディでお世話になった皆様に深謝いたします。また、愛媛県をはじめ、"し
ののめベジガール"の活動をご支援くださっている行政や企業の皆様、"し
ののめベジガール"の活動をご指導いただいております松山東雲短期大学亀
岡恵子教授に心よりお礼申し上げます。

注

1）メタボリックシンドローム診断基準検討委員会（2005）：メタボリックシンド
　　ロームの定義と診断基準。日本内科学会雑誌94：188-203
2）Yoko Watanabe, et al.（2013）：Daily Rice Intake Strongly Influences the
　　Incidence of Metabolic Syndrome in Japanese Men Aged 40-59 Years.
　　Journal of Rural Medicine, 8（1）：161-170
3）Shimba S, Ishii N, Ohta Y, et al. Proc Natl Acad Sci USA,2005;102:12071-76.
4）Yoko Watanabe, et al.（2014）：Skipping Breakfast is Correlated with
　　Obesity, 9（2）：51-58
5）永井成美・坂根直樹・森谷敏夫（2005）：朝食欠食、マクロニュートリエント
　　バランスが若年健常者の食後血糖値、満腹感、エネルギー消費量及び自律神
　　経活動へ及ぼす影響、糖尿病、48（11）：761-70.
6）Hirao A, et al.（2010）：Combination of starvation interval and food volume
　　determines the phase of liver circadian rhythm in Per2 : Luc knock-in mice
　　under two meals per day feeding. Am J Physiol Gastrointest Liver Physiol ;
　　299（5）：1045-53.
7）田中洋子・亀岡恵子（2020）：朝食を食べよう！野菜を食べよう！「愛（え）
　　顔（がお）のE－IYO（えいよう）プロジェクト」しののめベジガールの取組
　　み、松山東雲短期大学研究論集　第51巻、77-86

第13章

大学生の食生活改善と食育実践
―ICTを用いた教材開発の検討―

土海　一美

1．はじめに

　『「食」という漢字が入っている二字熟語をたくさん書いてみて。書けたら、その意味を考えてみよう。』筆者が、はじめて担当する学生の最初の授業で必ず聞く質問である。というのは、栄養士、管理栄養士を目指す学生達に、まずは食とは身近なものであり、自分たちにとって大切なことであることに気づき、その大切な分野に関わる専門職になるという意識を持たせたいと思っているからである。

　筆者は大学で管理栄養士の資格を取得した後、栄養士、管理栄養士の養成に携わっている。専門は栄養教育でまさに、食育の中心的な役割を果たす栄養士、管理栄養士の基本となる学問を教えている。

　筆者自身が大学で学んだ時代は、栄養教諭という制度もなく、栄養士、管理栄養士の育成において、「教育」に関する時間数が非常に少なかった。そのため、大学院教育学研究科に進み、教授法やカリキュラムについて学んだ。

　また、栄養士、管理栄養士の養成に携わる中で、食の専門家を目指す学生でさえ、食生活が乱れており、食に触れ合う体験、経験が乏しいことを痛感した。特に、食事の乱れがどのように身体に影響を及ぼすのかを医学的に研究したい、また調査、研究の基本を学びたいと思い、社会人大学院生として医学系研究科の衛生学教室で様々な研究に携わった。

　このよう筆者自身の経験に基づき、対象者に分かりやすく説明をする技術

を身につけること、また食育を企画、実施、評価するにあたり必要な調査を実施し、適切な評価を行い、改善に活かすことができるようになることを意識して、栄養士、管理栄養士の養成にあたっている。

　さらに、食育実践にあたり中心的な役割を担うのは栄養士、管理栄養士であると考えているが、自分たちだけでは、到底、食育を実施することはできない。様々な人たちと連携し、協力をしながら食育を進めていく必要があり、まさに、共創による食育推進が重要となる。様々な考え方、異なった世代、価値観を持つ人たちを巻き込む共創による食育を進める際、コミュニケーション能力を身につけておくことは最初の一歩であると考える。専門家としての意見が述べられること、また、他の職種や立場の人たちの意見を理解し、柔軟に対応できること、これらのような能力がなければ、情報共有ができないばかりか、新しい考えや発想を生み出し、これまでにない組合せを行い、新たな価値を生み出すことなどできない。このように共創に必要な力を身につけられるように、筆者は学生達と一緒に日々の研究、教育を行っている。

　現在、研究途上ではあるが、筆者が研究対象としている大学生の食事状況と、食生活の乱れがどのような影響を及ぼしているかを整理し、また、新しい学習ツールであるICTを用いた食育を管理栄養士課程に在籍する学生とともに実践した成果を紹介したい。

2．大学生の食生活実態と食育実践方法の検討

（1）大学生と食事と精神的健康度との関連

　食事や運動等の不適切な生活習慣が将来の生活習慣病の罹患に影響を及ぼすことは、良く知られている。また、健康は、身体のみならず精神的にも満たされていることが必要である。特に大学生は、食事、運動、精神的健康の全てに何らかの問題があると報告され、不適切な生活習慣が共存する場合も多いと考えられる。

　独立行政法人学生支援機構の「大学等における学生支援の取組状況に関す

る調査」（2017年度）では、前年度と比較し増加している学生相談の内容として、大学では「修学上の問題」、「対人関係」、「精神障害」、短期大学では、「対人関係」、「進路・就職」、「修学上の問題」があげられている。

　厚生労働省による患者調査（2011年）の推計患者数の疾病別構成割合をみると、精神・行動障害の推計患者数は、10～14歳では2.3％、15～19歳では4.3％、20～24歳では7.7％、25～29歳では8.2％であり、年齢が上がると、精神・行動障害の占める割合が増えている。

　さらに、全国栄養士養成校の学生を対象とした2011年の調査より、SPAQ（Seasonal Pattern Assessment Questionnaire）を用いた、季節性うつについては、男子学生で9.5％、女子学生で16.9％が季節による気分の変動によって困難を感じている[1]。

　一方、大学生の食生活を他年代と比較してみると、国民健康・栄養調査（2018年）では、野菜摂取量が他のどの年代よりも低くく（1日の野菜摂取目標量350g以上摂取している割合が男性24.6％、女性20.7％）、主食・主菜・副菜を組み合わせた食事の頻度では、ほとんどないと答えた割合が、どの年代よりも高い結果であった（男性17.7％、女性18.5％）。また、やせの増加、カルシウム、鉄、食物繊維の摂取不足、食塩の過剰摂取については他の年代と同じ傾向が認められている。

　そこで、食事と精神的健康との関係に着目し、食事を改善すると精神的健康が高まるのではないかという仮説を立て、大学生の食事と精神的健康度との関連を明らかにするべく、実態調査を行った。

　この調査は、精神的健康度についての判定や、精神的サポートが必要な学生へも対応できるよう、臨床心理士と医師とで共同研究を行った。関連する先行研究が限られていることから、食事を正確に評価できる管理栄養士養成課程の大学生を対象とした。

　対象は大学1年生（管理栄養士養成課程）女性62名で、質問紙により年齢、身長、体重、BMI、PAL（physical activity level: 身体活動レベル）を調査した。

　精神的健康度は、GHQ12（General Heath Questionnaire-12）[2]を用いた。GHQとはイギリスのMaudsley精神医学研究所のDavid Goldberg博士によって開発された質問紙法による検査法であり、60項目の質問からなる精神健康調査票である。神経症者の症状把握、評価および発見に有効なスクリーニングテストとして活用され、日本版GHQの短縮版として、GHQ12、28、30がある。今回は、調査対象者の負担を考え、質問数が少ないGHQ12を用いた。

　具体的な質問項目は「何かをする時いつもより集中できたか」「心配ごとがあって、よく眠れないようなことはどのくらいあったか」等であり、各質問に4つの選択肢のうち、最も当てはまるものを答えていくものである。採点については、各質問について精神的健康度が悪いと評価される2つの選択肢を選んだ場合を1点とし合計点を求めた（リッカート法）。したがって、GHQ得点が低いほど、精神的健康度が良いということになる。

　食事摂取状況は、簡易型自記式食事歴法質問票BDHQ（Brief-type self-administered Diet History Questionnaire）[4][5]を用いた。BDHQは、DHQ（self-administered diet history questionnaire自記式食事歴法質問票）の簡易版として佐々木敏博士により開発された。現在では数多くの栄養疫学研究、食事摂取基準の策定等に活用されている。

　以上の調査から、食事調査の結果とGHQ-12との関連については、関係性の強さを表す相関係数を求めた。また、BMI（body mass index）、PAL、エネルギー、ショ糖を用いてGHQ-12得点を予測する重回帰分析を行った。

　GHQ-12得点は3.11±2.4であり、先行研究のデータと同程度であった。食事摂取状況は、エネルギー1,378±575kcal、たんぱく質49.0±24.5ｇ、脂質42.6±21.7ｇ、炭水化物194.5±85.8ｇであった。精神的健康度を表すGHQ-12得点と、植物性脂質（r=0.2800, p=0.0274）とショ糖（r=0.2600, p=0.0413）の摂取量との間に弱い正の相関関係が認められた。つまり、植物性脂質及びショ糖の摂取量が多い人は精神的健康度が低いということを意味する。

　また、同じく精神的健康度を表すGHQ-12得点といも類（r=0.2690, p=0.0348）、油脂類（r=0.2830, p=0.0259）、菓子類（r=0.3390, p=0.0070）と

の間に弱い相関関係が認められた。つまり、いも類、油脂類及び菓子類の摂取量が多い人は精神的健康度が低いということになる。

　さらに、ショ糖の摂取量がBMI、PAL、エネルギーよりも精神的健康度を表すGHQ-12得点に影響を及ぼしていた（β：0.106, p=0.048）。また、食品群で検討したところ、菓子類がBMI、PAL、穀類よりも精神的健康度を表すGHQ-12得点に影響を及ぼしていた（β：0.160, p=0.042）。つまり、ショ糖及び菓子類の摂取量が精神的健康度に影響を及ぼしていることが明らかとなった。

　これまで調査方法は異なるが、精神的健康度とビタミンB群、ヨウ酸、亜鉛、マグネシウム、カルシウム等のビタミン、ミネラルの摂取と関連があるという報告のほか、野菜、果実、きのこ、大豆製品との関連を明示した報告もされている。今回の調査では、先行研究のようにビタミン、ミネラルとの関連は認められなかったが、精神的健康度とショ糖及び菓子類との関係が認められた。規則正しく食事を摂取している人は精神的健康度が高いという報告もあることから、ショ糖や菓子類の摂取を是正し、適切な食事を摂取することが精神的健康の向上に寄与することが考えられた。

　今後、食育実践における基本的なこととして、主食、主菜、副菜を揃えた適切な食事を摂取すること、また適切な間食について扱う必要があること等が明らかとなった。また、状況により、食べる食品数を増やすこと、または様々な食品群から食品を揃えることが適切な食事につながるのではないだろうか。

　当初の仮説である食事と精神的健康との関連については、精神的健康度と菓子類の摂取との間に有意な関連が認められた。菓子類の摂取を是正することで、精神的健康度が高まる可能性があることが示唆された。

（2）食育に必要な理論

　これまで、大学生の食生活には様々な問題点が挙げられてきた。ここで筆者の専門である栄養教育の観点から、食育を行う上でのポイントを2つあげ

図1　KAPモデル・KABモデル

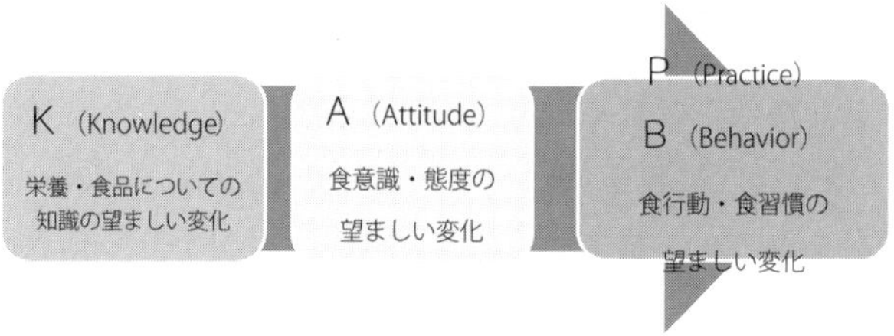

知識の普及が行動や習慣につながるという考えを示したモデル。

図2　トランスセオレティカルモデル（行動変容段階モデル）

行動変容に対する準備段階に着目したモデル。
人の行動は、①無関心期（前熟考期）→②関心期（熟考期）→
③準備期→④実行期→⑤維持期という段階を経て達成する。

①無関心期（前熟考期）	６ヶ月以内に行動変容に向けた行動を起こす意思がない時期。
②関心期（熟考期）	６ヶ月以内に行動変容に向けた行動を起こす意思がある時期。
③準備期	１ヶ月以内に行動変容に向けた行動を起こす意思がある時期。
④実行期	明確な行動変容が観察されるが、その持続がまだ６ヶ月未満である時期。
⑤維持期	明確な行動変容が観察され、その期間が６ヶ月以上続いている時期。

たい。

　第1に、KAPモデル・KABモデルは**図1**のとおりである。

　Knowledge（知識）、Attitude（態度）、Practice（行動）又はBehavior（習慣）のそれぞれの頭文字を表したもので、知識の普及が健康・栄養問題について好ましい態度を形成し、好ましい習慣につながるという考え方である。

　このモデルは、たとえば、学校等の教育機関や地域の健康教室等で健康や栄養に関する知識を得て、得た知識から行動を変えようと積極的になり、変えた行動が毎日の習慣になると考えることができる。よって、まずは知識や態度を培うこと、これらがなければ食生活が変わらないということになる。

　第2に、トランスセオレティカルモデル（行動変容段階モデル）は、**図2**のとおりである。

これは行動変容に対する準備段階に着目したモデルであり、人の行動が①無関心期（前熟考期）→②関心期（熟考期）→③準備期→④実行期→⑤維持期という段階を経て達成するとされている。この理論より、対象者の行動変容の準備状態を把握し、それに応じた適切な対応をしなければ、次のステージに進まないということになる。また、次のステージに進めることは簡単には進まないが、興味・関心が薄れ、下のステージになることは簡単である。

　また、いかに無関心期の人に関心を持たせ、持続させるか、個人に応じた方法を検討して提案する必要がある。

（3）スマートフォンを用いた食育の実践①

　前述の（2）で述べた2つの理論を活用し、大学生を対象とした食育プログラムを実践した。今回の食育の教材としてスマートフォンを用いた。食育において教材は、理解を助けるなどの伝達手段として用いられ、重要な役割を果たしている。アメリカの教育者Daleは、図3のとおり、自分の経験を一般化し、概念化することが必要であると提唱した。

　Daleの法則は、下から上の方にいくに従って高い推論に達していくことを表している。発達段階にある、乳児や幼児においては、直接的目的体験を通して学ぶことが最も効果的であるとし、発育、発達段階に応じた教材の選択と作成が必要であることが分かる。

　一方、大学生を対象とした食育を検討する際、どのような教材が適切であろうか。表1のとおり、教材には印刷教材や映像教材などの種類があり、なかでも情報処理教材に分類されるスマートフォン

図3　Daleの法則

11. 言語的象徴
10. 視覚的象徴
9. レコード・ラジオ・写真
8. 映画
7. テレビ
6. 展示
5. 見学
4. 演示
3. 劇化された体験
2. ひながた体験
1. 直接的目的体験

表1　教材の種類と特徴

教材の種類	種類
情報提示教材	ホワイトボード、黒板
印刷教材	テキスト、パンフレット、リーフレット
映像教材	DVD、映画、テレビ、ＶＴＲ、スライド
聴覚教材	放送、ラジオ、テープレコーダー
掲示・展示教材	実物、模型、ポスター、パネル、壁新聞、写真、図表
演示教材	紙芝居、ペープサート、人形劇、フランネルボード、フランネルグラフ、調理実習
情報処理教材	パソコン、インターネット

は、若者が利用する機会が多く、生活に欠かせないものとなっている。

　総務省の通信利用動向調査（1989年）によると、国民全体のスマートフォンの保有率は83.4％であり、20代ではインターネットを利用する機器に関して、パソコンやタブレット型端末を越え、87.9％がスマートフォンを使用していると報告されている。そこで、大学生を対象にした栄養教育にスマートフォンを活用することにより、食生活に興味関心を持ち、行動変容を促すことを目的とし、調査を実施した。

　調査対象者と調査時期は、大学1年生約226名、2018年7月〜10月の間で計3回実施した。方法は図4のように、①調理の様子を撮影したもの（動画）、②スライドを用いて栄養に関する情報を提供するもの、③栄養情報に関するリーフレットの3種類の教材をスマートフォンで合計3回配信し、事後アンケートを実施し教材の評価を行った。

　「動画の評価と朝食を食べているかどうか」「自分自身の食生活をどのように思うか」「生活習慣病の予防や改善に取り組むことに関心があるかどうか」「自身の食生活の改善についてどのように思うか（行動変容ステージ）」「自身の食生活を改善することができるか（自己効力感）」について検討を行ったが、有意な差は認められなかった。また、リーフレットやスライドを良いと評価する対象者もおり、その要因を明らかにする必要があることが示唆された。

　この実践では、対象者である管理栄養士課程の学生は、スマートフォンで

図4　配信した教材

①調理の様子を撮影したもの
（動画）

②栄養情報に関するスライド
③栄養情報に関するリーフレット

見ることができる動画の計画及び撮影、スライド及びリーフレットの内容検討及び作成にあたった。特に動画の撮影では、調理の工程が分かりやすいように、カット割りをしたり、動画の中に入れる文字、バックに流れる音楽を学生目線で提案したりして、対象者に興味関心を持ってもらえる工夫や、伝えたい内容を整理するという体験させた。対象者は意外とスマートフォンの扱いには慣れているので、苦労することなく動画の編集が行えていた。

　しかし、対象者はYouTubeや料理動画を見る機会が多く見なれており、管理栄養士課程の学生が作成したものを良いと評価する学生が少なかった。スマートフォンを活用するためには、更なる改善策が必要である。

（4）スマートフォンを用いた食育の実践②

　食育に必要な理論から、配信した教材の種類（動画、リーフレット、スライド）と食行動や行動変容ステージ等との間に有意な差は認められなかった。また、動画よりリーフレットやスライドの配信がよいと評価する対象者がいたことも報告している。

　そこで、大学生を対象とした栄養教育にスマートフォンを活用するために

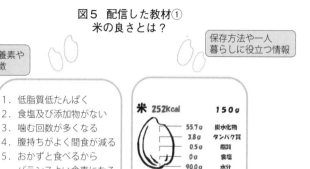

図5　配信した教材①
米の良さとは？

食材の栄養素や特徴

保存方法や一人暮らしに役立つ情報

1．低脂質低たんぱく
2．食塩及び添加物がない
3．噛む回数が多くなる
4．腹持ちがよく間食が減る
5．おかずと食べるからバランスよい食事になる
6．安価である

米　252Kcal　　　150g

55.7g　炭水化物
3.8g　タンパク質
0.5g　脂質
0g　食塩
90.0g　水分

（お茶碗約1杯分）
約30円

レシピやアレンジ方法

必要な基礎的データを得ることを目的に調査を実施した。調査対象と調査時期は、大学1年〜4年生340名、2019年7月〜10月である。スマートフォンを用いて食生活に関する事前アンケートを行い、事前アンケートに回答した学生に教材を配信する。配信する教材は、**図5**のように栄養に関する情報をまとめたスライドとし、合計3回の配信を行い、3回の配信後それぞれに事後アンケートを実施し、教材の評価を行った。また、生活環境が変化し、自身の食生活を見直す機会となる大学入学時の栄養教育にスマートフォンが活用できないかと考え、新入生に向けた教材を**図6**のように3種類作成した。来年度の配信に向けての事前調査として、作成した教材を配信し、事後アンケートを実施し評価を行った。

「教材の評価と自分自身の食生活をどのように思うか」「生活習慣病の予防や改善に取り組むことに関心があるかどうか」「自身の食生活の改善についてどのように思うか（行動変容ステージ）」「自身の食生活を改善することができるか（自己効力感）」について検討を行ったが、有意な差は認められなかった。

来年度の配信に向けて、**図7**のとおり、教材の内容、レイアウト、配信のタイミング等、様々な意見があった。

この実践では、管理栄養士課程の学生は、自分たちが一人暮らしをスター

図6　配信した教材②
～基礎編～

あなたはどんな調理器具を持っていますか？

深めのフライパン
→焼く、煮る、ゆでる
　様々な調理法に七変化！

まな板　（プラスチック）
→安い！手入れが楽！
　丸めて食材を鍋に
　入れやすい！

鍋
→持ち手が取り外し
　可能だと保存や
　収納に便利！

ボウル
→耐熱性（シリコンなど）
　のものだと電子レン
　ジも使用可能！

図7　新入生のサポートに関する検討

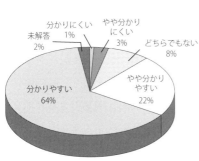

教材の分かりやすさ（n=138）

分かりやすい 64%
やや分かりやすい 22%
どちらでもない 8%
やや分かりにくい 3%
分かりにくい 1%
未解答 2%

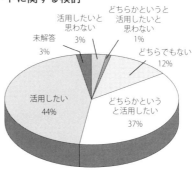

教材を活用したいか（n=138）

活用したい 44%
どちらかというと活用したい 37%
どちらでもない 12%
活用したいと思わない 3%
どちらかというと活用したいと思わない 1%
未解答 3%

その他の意見
・調理器具があまりないので、買おうかなと思いました
・もっとたくさんの情報が欲しい
・分かりにくい

・とてもわかりやすくて活用したいと思った
・時期に見合った情報を配信して欲しい
・活用できるレシピが多く見たい

トさせた時に困ったことや、買い揃えた調理器具などを思い出し、学生目線で教材を作成した。食育に必要な理論で示したように、必ずしも動画が好まれるとは限らないことから、画面は動かないが、見やすく、分かりやすいをコンセプトに教材を作成した。また、在学生に教材を実際に確認してもらい、分かりやすいものを中心に、次年度の新入生が自由に閲覧できるような取組も行った。

　以上、スマートフォンを活用した取組から、統計的な有意な差は認められ

なかったものの、食育の手段としてスマートフォンを活用することは有益であると思われる。ただ、行動変容段階（興味関心）に応じたプログラムや、対象者の特性やニーズを上手く取り入れることができれば、さらなる展開ができると想定される。一方、食育実施者側の動画の作成、収録や編集等の技術が求められるため、それらの習得について学習面の整備が必要であると考える。

（5）SATシステムを用いた食育の実践

　食生活支援の教材においてフードモデルはよく知られている。そのフードモデルにICタグを内蔵させ、瞬時に栄養価を表示させることができる食育SATシステムをいわさきグループが販売している[6]。SAT（Satisfactory A la carte Tray system」は、満足できる"アラカルト"トレーシステムのことである。A la carte（アラカルト）はフランス語で、「レストランなどで客が好みに応じて献立表の中から選んで注文する料理」を指し、目の前にあるフードモデルの中から、対象者にとって（健康的に）満足できる料理を自ら選べ、しかも'サッとすばやく'結果がわかるトレーシステムである。これは繰り返し使用することで、直感的に食事選択能力が身につくのである。トレーにフードモデルを乗せ、センサーボックスに乗せると、ICタグのデータを読み取って、瞬時に栄養価計算が可能である、**図8**のとおり、料理レベルで「食事バランスガイド」との表示切替えも可能という特徴がある。

　食生活支援の教材として食育SATシステムを活用した先行研究には、魚里ら（2019）の研究がある。それによると、食育SATシステムと健康教育を組み合わせた食育プログラムは、高校生や地域住民にとっても理解しやすく、生活習慣病予防保健指導介入プログラムとして活用できることが示唆された。また、海津らの研究（2018）では、食育SATシステムの診断結果資料の「六つの基礎食品群」は食品群の過不足が具体的に明らかになり、実践を促せる可能性が考えられるとしている。食育SATシステムと健康教育を組み合わせた食育プログラムは理解しやすく、基本的な知識の習得できるこ

図8　食育SATシステム

食育SATシステムとは

製造元：いわさきグループ

ICタグに栄養情報を書き込み、情報に該当するフードモデルに埋め込んで、専用読み取り機に近づけると情報を読み取り、接続されたパソコンに出力される。

とが先行研究から明らかである。

　そこで、食育SATシステムを活用した食生活支援を大学の新入生を対象に実施し、適切な食生活への行動変容を促すことを目的に調査、研究を行った。大学1年生（管理栄養士課程）約87名を対象にして、2020年6月にBDHQ（brief-type self-administered diet history questionnaire; 簡易自記式食事歴質問票）で、食事状況に関するアンケートを行い、対象者の問題点の抽出を行った。

　その結果、多くの栄養素で日本人の食事摂取基準（2020年版）から外れている人が多く認められた。また、エネルギー摂取量には、穀類、菓子類、魚介類、卵類が影響を及ぼしていた。さらに、食事状況に関するアンケートの結果から、健全な食生活を意識しているが実行には移せていない人が多いことが認められた。

　以上の調査の結果より、食事状況調査より抽出された問題点からテーマを決定し、**図9**のように、食育SATシステムを用いて栄養教育を実施した。栄養教育前に選んだ普段の昼食と、栄養教育後に選んだ望ましい昼食を5つ星で評価する「名人度」を用いて評価を行った。

　食事調査の結果より、食事バランスの改善を目的とした栄養教育を、食育SATシステムを活用して実施した。食育SATシステムの結果から、栄養教

図9　食育SATシステムを用いた栄養教育の流れ

テーマ
決定
- 様々な栄養素で参照値から外れている人が多くみられた
- 「バランスの良い食事をとろう」

実施
- 大学1年生を対象に栄養教育を実施
- 栄養教育前後で名人度等を測定

評価
- 教育前後の名人度等を比較し、評価を行う。

育の前後で食事内容の変化がみられた。名人度は栄養教育の後で有意に増加し、また、エネルギー及び栄養素については、たんぱく質、食物繊維、食塩相当量、カルシウム、鉄、ビタミンB_2、ビタミンCにおいて有意な差が認められた。食品群別重量については、果実類、藻類、魚介類、乳類、野菜類（野菜・いも・きのこ類）、果物で有意な差が認められた。

　この実践では、管理栄養士課程の学生は、食事調査の実施、結果の分析、評価、さらに課題を抽出して食育を行うという一連の流れを体験した。食事調査に協力してもらうための苦労や、データの解析という貴重な経験ができた。また、食育SATシステムを活用した食育の実施と、また食育の評価にも食育SATシステムを活用し、数値に表して評価を行った。教材は食育の実践で活用するとは理解していたが、評価の指標にもなり得るということを学べたのである。

3．おわりに

　食育実践の中心的な役割を担うのは栄養士、管理栄養士であると考える。様々な考え方、異なった世代、価値観を持つ人を巻き込む共創による食育推進を考える際、食育の要である栄養士、管理栄養士の力が大きく左右するだ

ろう。しかしながら、食の専門家である栄養士、管理栄養士を目指す学生でさえ、自分自身が正しい食生活、食習慣を実践していないのが現状である。特に、第4次食育推進基本計画に向けた主な論点にあるとおり、大学生の世代でもある20代女性のやせの者（BMIが18.5未満）は21.7％であり、若い女性のやせが課題となっている。まずは、今回紹介したICTを用いた食育を活用し、正しい知識を身につけ、習慣化できるように、自分自身の食生活を適切に改善する必要がある。そこから、自分自身が改善した経験を食育に活かしてもらいたい。

　また、今回の大学生の食生活の改善に活用したICTは、文部科学省によると新学習指導要領に基づき、資質・能力の三つの柱をバランスよく育成することが明記されている。子どもや学校等の実態に応じ、各教科等の特質や学習過程を踏まえて、教材・教具や学習ツールの一つとしてICTを積極的に活用し、主体的・対話的で深い学びの実現に向けた授業改善につなげることが重視されている。したがって、学校でのICT活用の頻度は増えるであろう。ICTの活用は子ども達の学習場面だけでなく、様々なライフステージ、ライフスタイルでの活用が可能である。共創による食育において、ICTこそが有用な手段となると確信している。なぜなら、スマートフォンやタブレット端末などは多くの人々が所有しており、インターネットは広く環境整備が進んでいる。今般の新型コロナウイルスの影響により、オンライン授業や在宅勤務を可能にしたのはICTである。地域や世代を超え、様々な可能性を秘めたICTの活用方法は無限大であろう。食育に関する先行研究は限られているが、引き続き、効果的な食育の教材を開発していきたい。

　さらに、共創による食育を実践するためには、①適切なアセスメント、②確かな技術、③人格が必要であると考える。まず、様々なアセスメント手法を用い、現状を正確に把握し、課題を抽出する。次に、確かな技術は、言うまでもなく食育に関する専門的な知識や技術である。最後に、人格は様々な人々と共有の価値観を持ち、誠意をもって取組む姿勢であり、この人となら一緒に取り組みたいと思われることである。これらを支えるのは、コミュニ

ケーション能力である。

　ICTはこれら全てに活用することが可能である。食育の教材としてだけでなく、計画の際のアセスメントから食育の評価にまで活用できる。また、人と人とを結びつけたり、それぞれの立場での多種多様な考えを共有する手段としても利用したりできる。このようなICTを活用した先進的な食育を学生と共に実践し、実践したデータをICT活用で公開し、食育に活かせるようなシステムを整備したい。このシステムが様々な人々で共創する食育の要となる栄養士、管理栄養士を養成することにつながると考える。

謝辞

　調査にご協力いただきました対象者の皆様、調査の実施に際し、ご協力いただきました皆様に深く感謝申しあげます。

文献

1 ）3 世代研究事務局（2013）：食習慣と健康に関する女性 3 世代研究データブック、東京大学大学院医学系研究科社会予防疫学
2 ）Goldberg DP, Hillier VF（1979）：A scaled version of the General Health Questionnaire. Psychol9:、139-45.
3 ）Kobayashi S, Murakami K, Sasaki S, et al.（2011）：Comparison of relative validity of food group intakes estimated by comprehensive and brief-type self-administered diet history questionnaires against 16 d dietary records in Japanese adults. Public Health Nutr.14（7）、1200-1211.
4 ）Kobayashi S, Honda S, Murakami K, et al.（2012）：Both comprehensive and brief self-administered diet history questionnaires satisfactorily rank nutrient intakes in Japanese adults. J Epidemiol. 22（2）、151-159.
5 ）いわさきグループ食育SATシステムhttp://www.foodmodel.com/category12/index.html
6 ）魚里ら（2019）：高校生の食に関する認識と食育プログラム介入前後の変化―体験型栄養教育SATシステムの食事診断を用いて―、神戸女子大学看護学部
7 ）海津ら（2018）：女子大学生を対象とした食育SATシステム（フードモデル）による食事指導方法の検討（第 2 報）、新潟青陵大学短期大学部

第14章

地域食の普及に向けた料理教室の食育活動
―愛媛県「ふるさと食レベルアップ事業」での地域共通メニュー開発をもとに―

森岡　智子

1．はじめに

　筆者は、これまで民間の料理研究家として、日々の食生活で病気の予防食、病気に対応した食事を指導し、それらに対応した料理を伝えたいと思い、取り組んできた。筆者は、世界の料理を研究する中で、改めて、日本の伝統的な家庭料理が健康維持には不可欠だと実感している。そして、現在も、伝統的な家庭料理にまつわる食文化の探究、つまり、地場産物や身近にある調味料を用いた、地産地消の創作料理づくりに没頭している。

　筆者が主宰する料理教室の授業では、より細かで丁寧な指導を目指して、より多くの知識と技術を伝授するために、教室の定員を1回の授業（座学の解説、調理の実習）で15名としている。料理教室の授業では、食育実践の指導を念頭に置いて料理とそれらの調理方法の指導が中心である。料理を通して、健康を保って生活習慣病等の予防や改善をすること、そして、毎日繰り返す食事の重要性を伝えることが、その目的になっている。そして、具体的には、地産地消の必要性、旬の食材の素晴らしさ、バランスのよい健康的な家庭料理の重要性を指導している。受講生が料理教室の授業で学んだ知識や技術を、家庭などで実践できるように支援している。料理教室の受講生は、看護師、保育園や病院の栄養士、管理栄養士、介護施設経営者などであり、食に対する問題意識や興味関心のある人たちである。

　最近、料理教室の受講生から身内や知人の疾病に関する話を聞くと、生活

223

習慣病（高血圧、糖尿病、脂質異常症）を引き起こしている人が多い。それは、近年、日本人の食生活が欧米化し、食事の摂取過多、食物繊維やカルシウム、鉄などの摂取不足など、栄養バランスの偏った状況に移行したことに起因する。料理教室の授業の中で、生活習慣病を予防する食事や食の大切さを丁寧に指導しているが、彼らの家族や友人には、それらのことがきちんと浸透していないことを痛感した。それで、料理教室の授業をはじめ、各種の料理講習会において、幅広い年齢層を対象にして、一連のそれらのことを伝えていくことに留意している。それに、食育実践の機会が少ない成人にとって、郷土料理や食材の魅力を学べる料理教室の果たす役割は大きいと考える。その食育を料理教室で推進していくのに重要となるのが、「共創」による食育活動である。「共創」による食育活動の興味関心を持ってもらうには、食育活動の対象者を明確にしつつ、その対象者の特性やニーズに応じた取組が重要であると考える。「共創」による食育は、料理教室の受講生だけではなく、様々な業種の関係者と連携を図って食育活動を行うことで、新たな食育の価値を生み出すことが可能となるだろう。

　以前から、筆者は、料理教室での授業とは別に、愛媛県内外で地域食材を使用し、地域活性化を目的とした講習会を長年、実施してきた。これまでの取組を総括し今後の展開を考えるために、社会人対象の大学院で学ぶ機会を得た。他方、愛媛県南予地方局主催の「ふるさと食レベルアップ事業」において、筆者が料理教室と位置づける「料理技術研究講座」の講師依頼があった。この講座で、筆者は、これまでの料理教室や食育講演などでの実績をもとに、講義指導、南予地域にちなんだ新メニュー開発を担うことになった。この取組は、筆者にとって、愛媛県南予地方局という行政との間で連携を図って「共創」による食育活動の一例と位置付けておきたい。

　本稿では、「ふるさと食レベルアップ事業」における「料理技術研究講座」の成果をもとに、成人の食育推進の必要性とともに、料理教室の社会的な役割を検討する。特に、愛媛県南予地域（県南部）における郷土料理の南予地域共通メニュー（以下、地域共通メニューと略す）開発を通して、地域食の

普及に関する手がかりを提案し、民間の立場から「共創」による食育活動の
重要性について述べていきたい。

2.「ふるさと食レベルアップ事業」と成人の食育推進

（1）成人期の食をめぐる環境

　成人期における食生活の特徴は、個人の食習慣が確立され、これまで習得
した食の知識や技術を日々の生活の中で実践していく時期である。さらに、
就職や結婚、出産、子育てなどにより、個人（家庭）的にも、社会的にも、
生活が大きく変化する。

　成人期は働き盛りの世代であることから、生活リズムが不安定となり、食
事時間の不規則、偏った食生活、外食の増加などになる。その結果、自分の
食事管理、健康管理が十分にできない時期でもある。また、仕事上の役割や
責任が増えて、食そのものに対する関心が低くなり、実践も低調となる傾向
にある。また、学校等で食育実践の機会のある幼児期、学童期などと比較し
て、日本の伝統食や食の大切さを学ぶことが少なくなっている。

　他方、成人期は子育て世代でもあり、成人は次世代の食育を担い、知識と
経験を引き継ぐ重要な役割を持っている。そのため、成人は、食に関する正
しい知識をもとに選択できる力を身につける必要があり、食育の機会が限ら
れるものの、食育実践を担う役割も大きい。そこで、料理教室などに参加し
て、食育のリーダーとなるような人材育成が望まれる。

（2）「ふるさと食レベルアップ事業」の目的と内容

　「ふるさと食レベルアップ事業」は、愛媛県の南予地域を対象として、愛
媛県南予地方局地域農業育成室が主催した事業である。南予地域は愛媛県南
部の通称で、日本一細長い佐田岬半島から南にリアス式海岸が形成された豊
かな自然が残る地域である。ここは、四季を通じて温暖であり、農漁家民宿
や農家レストラン、道の駅などで、交流人口の増加が期待されている。「ふ

るさと食レベルアップ事業」の目的は、2016年開催の南予博覧会や、2017年
開催のえひめ国体に向けて、南予地域の農林水産物を食材とする関連情報の
収集や提供を行いながら、特色ある地域食材を使った南予地域共通メニュー
開発を実施し、食による南予地域のブランド力向上である。

　具体的な事業内容としては、農林漁家民宿や農家レストラン、道の駅など
の代表者とその従業員に対して、地域共通メニュー開発に関するヒアリング
やアンケートが実施された。その結果をもとに作成した地域共通メニューを
決定するために、「料理技術研究講座」が開講された。この講座では、担当
講師である筆者は受講生らと実践活動を行い、最終的な地域共通メニューが
決定された。

（3）南予地域の郷土料理

　地域共通メニューを開発するにあたって、これまでに民宿などで作られて
いる南予地域の郷土料理の内容を把握した。その結果、農漁家民宿などでは、
地域の高齢者が幼い頃から食べていた昔ながらの郷土料理が提供されていた。
それに、地元の食材を中心に調達している場合がほとんどであった。それら
の代表的なものは文献とも一致しており、**表1**のとおりである。このような
古くから伝わる郷土料理は、先人の様々な工夫や知恵が詰まっており、今後
も、伝統食として多くの人に伝承していく必要がある。他方、現代では、食

表1　南予地域の郷土料理（昭和 30 年頃）

市　　町	郷　土　料　理
宇和島市	鉢盛料理、鯛そうめん、ふくめん[1]、サツマ汁、盛り込み、卵寒天羊羹、ふかの湯ざらし[2]、刺身、丸ずし[3] みがらしあえ
三間町	おすし、鉢盛の野菜料理、鯛そうめん、ふかの湯ざらし
松野町	おすし、山菜の煮物、川魚料理、猪、雉料理
鬼北町	おすし、山菜、野菜の煮物、川魚料理、猪料理
愛南町	皿鉢料理、鰹のたたき茶飯、サツマ汁

注：1）ふくめん：千切りにしたこんにゃくの上に四色を基本とした素材（鯛・炒り卵・ねぎの
　　　　小口切り・みかんの皮など）で覆い隠すように盛り付ける料理
　　2）ふかの湯ざらし：サメの刺身を熱湯に通し、からし味噌をつけて食べる料理
　　3）丸ずし：すし飯の代わりにおからを使用し、酢でしめた魚を巻いて握ったもの（愛媛県
　　　　教育委員会（2004）『えひめ、その食とくらし』、日本の食生活全集愛媛編集委員会（1988）
　　　　『聞き書き　愛媛の食事』を筆者改編）

の嗜好も多様化しており、また、若年者の郷土料理に対する関心も薄れている。石橋（2019）の調査結果によれば、郷土料理は小学生と大学生のほとんどが継承すべきだと考えている一方で、小学生では「新しい料理を生み出した方がよい」、大学生では「食文化は時代とともに変わっていくもので、料理は進化するもの」という考え方もあり、その継承を意図しない意見も見られた。また、千葉（2019）の調査結果によれば、郷土料理の伝承における体系的な学習経験が、その重要性を強く認識させると共に、自ら学習することの楽しさや面白さを表す「興味価値」や他者から見て望ましいと考える「公的獲得価値」を高めることも明らかになった。一方で、郷土料理の調理講座を受講した女子短大生58名中、約3割の学生が「郷土料理の調理が面倒だ」という意見が見られた。以上のことからも、南予地域の郷土料理を大切に伝承するなか、時代に合った新しい地域共通メニューの開発と普及を推進する必要もあるだろう。

（4）共通メニュー開発に対するヒアリング

2015年5月、南予地方局において、筆者と県関係者は、南予地域の農漁家民宿、農家レストラン、道の駅などの代表者、市町の関係者・関係機関担当者に対して、地域共通メニューの要望に関するヒアリングが実施された。参加者の地域共通メニューに対する希望や意見としては、①高級料理ではなく、南予地域で簡単に作れる家庭料理、②民宿や道の駅での食事に利用できる料理、③安価でも、豪華に見える料理、④若者や観光客にも喜んでもらえる料理、⑤手早く、つくれる料理5つであった。

（5）共通メニュー開発に関するアンケート

「ふるさと食レベルアップ事業」で実施される「料理技術研究講座」の受講者（20代と50代～70代の女性で、民宿の経営者や従業員）120名を対象とした「地域と料理に関するアンケート」が行われた。アンケート対象者(回収率100%)は**表2**のとおりであった。その結果は、南予地域の関係者に対す

表2　受講生アンケートの属性

年齢	20代：9名　50代：15名　60代：54名　70代：42名
性別	女性：120名
経営形態	農林漁家民宿：66名　農家レストラン：44名　その他：10名
経営年数	5年：64名　10年：49名　20年：7名
市町村	宇和島市：54名　松野町：14名　鬼北町：28名　愛南町：24名

るヒアリングと、ほぼ同様であったが、重要な調査項目に関して概説しておく。

1）地産地消の実践に対する認識

受講生全員が地産地消を実践しているという認識があった。その理由は、野菜などを自宅で作って、それ以外の食材は地元産を利用している。地産地消には、地域の身近な食材を通して旬や地域への理解を深められる機能がある。さらに、郷土料理など地域独自の食文化を見直すきっかけにもなる機能がある。こうした機能は食育推進において重要である。

2）地産地消の推進で利用したい食材

今後、さらに地産地消を推進する際に利用したい食材は、全体としてみると、**表3**のとおり、味噌、ジビエ、雉肉、こんにゃく、豆腐、漬物、醤油、山菜の順であった。

表3　地産地消の推進で利用したい食材

食材	人数
味噌	26名（22%）
ジビエ	20名（17%）
雉肉	13名（11%）
こんにゃく	13名（11%）
豆腐	13名（11%）
つけもの	13名（11%）
醤油	13名（11%）
山菜	9名　（6%）

これを年齢別にみると、70代で最も多く利用したい食材は山菜であり、60代〜50代の場合、味噌、醤油、ジビエ、豆腐、こんにゃくの順であった。これらの多くは、以前は家庭でも作られていたものであるが、今は手作りすることもなくなった人気の食材である。20代の場合、味噌、醤油であり、年配者の指導を受けたいという意見があった。

さらに、経営の形態・年数別でみると、農家民宿ではジビエや雉肉を、農家民宿レストランでは味噌、醤油、豆腐を利用したいとした。年数別では、すべての世代で味噌であった。ただ、経営年数の短い、若年の経営者はジビエや雉肉を利用して汁物、鍋物にするなど、料理の創作性に柔軟であるようだ。

3）南予地域の郷土料理

南予の郷土料理では、魚類の使用が多い。**表4**のとおり、山間部でさえも、魚が入手できれば、さつま汁や鯛そうめんに利用される。特にタイは南予地域では必ず使用する食材であり、おもてなし用の大皿でおもてなしをする。また、

表4　受講生が考える南予地域の郷土料理

料理名	人数
サツマ汁	21名（18%）
ちらし寿司	13名（11%）
鯛そうめん(大皿料理)	12名（10%）
鯛めし	10名（9%）
丸寿司	6名（5%）
包丁汁	3名（3%）
蟹入り芋炊き	3名（3%）
椎茸・こんにゃくたたき（大皿料理）	3名（3%）
その他	49名（38%）

ちらし寿司は、山間部における最高のおもてなし料理であるとともに、知人へのおすそわけの習慣が残っている。ただ、おもてなし、おすそわけの精神も重要であるが、現在、日本では、食事の摂取過多や食品ロスの問題が大きく取り上げられている。2020年に消費者庁で閣議決定された食品ロスの削減の推進に関する基本的な方針では、消費者の食品ロスの削減推進の取組として小盛りサイズメニューの導入等、利用者の希望に沿った量で料理を提供する外食事業者の取組の促進が挙げられている。このような昨今の状況を考慮すれば、一人分用の盛り合わせの発想も必要であろう。

4）共通メニューで重視したい内容

今回、地域共通メニューで重視したいことは、次の3点である。具体的には、①地元の食材を利用した料理、②手軽な料理、③四季を大切にした料理であった。受講生は、徹底した地産地消の意識を保持しており、それらを念頭に置いた、新たな料理の知識と技術を取り入れたいという意欲が強かった。

5）成人食育推進の必要性

以上のアンケート結果から、受講生の意識として、地産地消を前提とし、伝統的な郷土料理を理解して重視していることが明確となり、地域共通メニューに向けた料理の知識と技術を取り込みたいという強い意欲が存在している。若年の経営者は、地産地消の精神で、従来の伝統的な地域の食材をもとに、新たな地域共通メニューを開発したいとする傾向があった。つまり、郷土料理の伝承と地域食材の使用という観点による食育活動が求められている。

今回の「ふるさと食レベルアップ事業」は、これらの内容を看取して取り組むことで、これまでの価値の再生と見直し、新たな価値の創出といった南予地域の食文化発展につながるものと考えた。

　第3次食育推進計画によると、若い世代において健全な食生活を心がけている人が少なく、食に関する知識がない人も多いといわれている。また、他の世代と比べて、朝食欠食の割合が高く、栄養バランスに配慮した食生活を送っている人が少ないなど、健康や栄養に関する実践状況に課題がみられる。さらに、食を取り巻く社会環境が変化する中で大切な食文化が失われることのないよう食文化の継承も重要となる。今回、指導した受講生は、地域における食育推進の担い手として、「日々の活動を通じた地域に対する食育の実践」、「様々な機会を活用した各家庭への働きかけ」の役割が期待できる。よって、受講生である成人は、家庭のみならず地域の様々な立場から、食育推進の担い手としての役割が期待される。また、第3次食育推進基本計画の重点課題として、幅広い年齢層の人々が地域活動にも興味を持って参加する機会を増やす取組、たとえば、地域で育まれた伝統食の大切さを広めるイベントなど、成人の食育推進が必要だと考える。

3．地域共通メニュー開発と料理教室の果たす役割

（1）「料理技術研究講座」の実施

　「ふるさと食レベルアップ事業」の「料理技術研究講座」は、**表5**のとおり、受講者120名（20代と50代〜70代の女性で、農漁家民宿や農家レストランの経営者や従業員）を対象に、2015年6月、7月、9月の3回、南予地方局で実施された。南予地域の共通メニュー開発は、ヒアリングやアンケートの結果をもとに、「夏に向けた南予らしい家庭料理」、「南予の魚を使った家庭料理」、「秋の食材を使った南予の家庭料理」をテーマとした。これは、観光客用として、南予の郷土料理や民宿料理、家庭料理にも利用でき、地域の人達もつくれるレシピを意識したものである。

表5　「料理研究技術講座」の概要（筆者作成）

	第1回	第2回	第3回
日時	2015年6月15日 （10:00〜15：30）	2015年7月13日 （10:00〜15：30）	2015年9月14日 （9:30〜15：30）
受講生	農漁家民宿、農家レストラン、道の駅の経営者や従業員など40名　計40名	農漁家民宿、農家レストラン、道の駅の経営者や従業員など40名	農漁家民宿、農家レストラン、道の駅の経営者や従業員など40名
テーマ	「夏場に向けた南予らしい家庭料理」	「南予の魚を使った家庭料理」	「秋の食材を使った南予の家庭料理」
レシピ名	1．南予焼き（ねぎみそだれ） 2．味噌ご飯 3．山菜コロッケ 4．鶏胸肉と香味野菜のみかんソースだれ 5．トマトと大葉の酢和え	1．南予風鯛のおから蒸し 2．そうめんの鰹フレークかけ 3．焼きかぼちゃのミートソースかけ 4．茄子の豆板醤和え 5．河内晩柑ジュレ	1．みかん寿司のおにぎらず 2．ちくわの豚巻き串焼き 3．揚げ里芋のみぞれ酢 4．鶏肉の唐揚げ 5．さつま芋のレアチーズケーキ

1）第1回

受講生からは、「地域食材のみの使用でさまざまなアレンジ方法を知れてよかった」、「手軽で日々の生活やお店でもすぐ実践できるから嬉しい」といった意見があった。山菜コロッケは、受講生にとって山菜を丸くまとめるという発想がなかったようで、調理する上で苦戦していた。また、みかんは生でそのまま食べるのみだったので、みかんを調理することに受講生は驚いていた。

2）第2回

受講生からは、「南予地域のタイやカツオの新たな魅力を知って、

写真1　「料理技術研究講座」の調理実習（筆者撮影）

写真2　夏場に向けた南予らしい家庭料理（第1回分）（筆者撮影）
（左下から時計回りに、味噌ごはん、鶏胸肉と香味野菜のみかんソースだれ、トマトと大葉の酢和え、山菜コロッケ、南予焼きねぎみそだれ）

新しいアレンジ料理で南予を宣伝したい」、「(焼き南瓜のミートソースでは) パスタの上にかける以外にも、ミートソースの利用方法を多く学べて良かった」という意見や他方、「とても良いレシピであるが、自分の地域では入手しにくい食材もあり (魚類) レシピを利用できない時もある」といった声もあった。

写真3　南予の魚を使った家庭料理 (第2回分) (筆者撮影)

(左下から時計回りに、そうめんの鰹フレークかけ、南予風鯛のおから蒸し、河内晩柑ジュレ、茄子の豆板醤和え、焼き南瓜のミートソース)

3) 第3回

受講生からは、「自宅にある調味料を加えるだけで、簡単に新しいメニューができるので、勉強になる」、「(みかん寿司のおにぎらず) は南予地域の柑橘を感じるメニューであり、学校給食としても出してほしい。」といった意見もあった。また、「祖母、母、そして自分まで何の疑いなく、気づけば何十年も同じもの

写真4　秋の食材を使った南予の家庭料理 (第3回分) (筆者撮影)

(左下から時計回りに、揚げ里芋のみぞれ酢、竹輪の豚巻き、串焼き、さつま芋のレアチーズケーキ、鶏肉の唐揚げ2種、みかん寿司のおにぎらず)

を作り続けていた」、「南予には食材が数多くあるのに、食材の活用法を勉強する機会が限られ、これが当たり前だと考えていた」、「お客様の希望に答えられないことに気づいていて、何とかせねばと思っていたので大変参考になった」などの意見があった。

(2) 南予地域共通メニューの公表

「ふるさとの食レベルアップ事業」に関する、南予地域共通メニューの公表は、お披露目会として2015年11月に南予地方局で行われた。これには、行政関係者、南予観光業関係者、国体関係者、旅館や各種施設関係者、飲食関

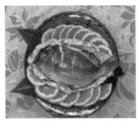

写真5　南予地域共通メニューに選定された3品（筆者撮影）
左：南予焼き ねぎみそだれ　中：南予風 鯛のおから蒸し　右：みかん寿司のおにぎらず

係者、メディア、受講生など150人以上の参加者があり、「料理技術研究講座」で実践した地域共通メニューを試食した。その結果、地域共通メニューとして、人数制限がなく楽しめる料理、華やかな大皿の郷土料理、愛媛県のみかんをアピールできる料理が選定された。

　これらのメニューは南予地域の新たな地域食として全国に向けた情報発信・PR活動が行われる。また、受講生が南予地域の食文化継承の担い手として、各自の農漁家民宿や農家レストラン、道の駅など各店や各家庭、地域のイベントにおいて、地域共通メニューとして提供した。このことにより、地域食材の魅力を多くの人に伝えることで、南予地域の認知度が向上して地域の発展につながることが期待されている。今回の食育実践は、地域の飲食店や食品関連企業等と連携して、地域の特性を生かした食育推進や、地域特有の多様な食文化の継承に向けた人材育成にもなった。

（3）地域食の普及と料理教室の果たす役割

　第4次食育推進基本計画に向けた主な論点に示されたとおり、核家族化の進行、地域社会の弱体化、食生活様式の標準化などにより、和食の存在感は失われつつある。伝統的な郷土料理など地域の食文化を支えてきた地域食材の特徴を理解し継承していくことが課題である。

　筆者が推進する地域食の普及において、料理教室は、地域食材を使った郷土料理の指導を行っている。それは、郷土料理を作って食べることをもとに、

地域の食文化や地場産物への関心を高めることである。また、料理教室は、地産地消を意識して地域の旬の食材を用いることで、新鮮で栄養価が高いだけでなく、生産者の顔が見えることで安心・安全につながり、地域食材や郷土料理の魅力を伝えている。

　料理教室の受講生は、地域食材を利用して郷土料理を作り、食材の良さや地域の食文化の魅力を家族に伝えられる。さらに、家族以外の人々に伝えることもでき、次世代への食育推進の担い手にもなり得るだろう。食を通じて地域の価値を見直し、地域の食文化の継承にもつながって、地域食が広く普及できる。

　地域食の普及に貢献する料理教室は、これまで地域食に興味関心のなかった大人にとって、その魅力や価値を知るきっかけとなって食文化を継承する役割を持っている。また、料理の実践活動や食文化の指導を通して、次世代に食文化を伝承する担い手を育てる役割を果たすことができる。そして一人暮らしや子育て世代など料理教室は、社会のニーズに合わせた食育の場としての料理教室を構築していくことが求められる。また、成人の食育に大きな役割を果たせる料理教室に関心をもってもらうためには、行政や一般企業をはじめ多様な業種との交流と連携を図ることが重要である。その上で、食育推進の明確な目標をしっかりと共有して団結していく仕組みづくりも必要となるだろう。

4．おわりに

　今回の新たな南予地域共通メニュー開発という食育実践を通して、料理教室（「料理技術研究講座」）は、地産地消に対する興味・関心の喚起、地域の食文化継承、地域食の魅力を伝承する人材育成などの役割を果たすことができるだろう。南予地域の新たな食ブランド化への可能性も含んでいる。

　今後、料理教室を通して「共創」による食育を行うためには、以下の3つのポイントが指摘できるだろう。第1に、食育の機会拡大に向けて、料理教

室は、筆者のような料理講師が個人で開講しているものだけでなく、一般企業主催の親子料理教室やオンライン料理教室など多様な活動方法があり、様々な工夫がなされている。その前提として、食育実践の対象者を明確にしつつ、その対象者の特性・ニーズに対応した食育の場を多く提供することが求められる。第2に、行政や一般企業をはじめ、多様な業種の人との交流と連携を図ることで、様々な考え方や知見を集積できる。その結果、より質の高い食育実践や食文化継承を担う人材育成につながるだろう。第3に、料理教室の持続的な取組は、成人にとって伝統的な食のあり方にとどまらず、未来の食のあり方も検討できる。したがって、昔から伝わる伝統食とこれからの食のあり方の両方を学べる有益な場といえる。また、衰退しがちな郷土料理や地域食を活性化させる上でも料理教室の存在は不可欠である。

　近年、料理教室のみならず、SNSやWebサイトでレシピや食材の知識を簡単に手に入れられる時代となった。今後も、料理を学ぶ手段としてWebの活用が進んでいくことが考えられるが、一方で特色のある料理教室はさらに求められるのではないだろうか。時代が変化していく中でも、食べることは一生続いていく。今後日本は、高齢化社会が進むことが予測されており、適切な予防医療のひとつとして食の関心が高まっていくだろう。そのような中で、時代の流れをつかみ、特色のある料理教室づくりをしていきたい。そして、共創による食育実践の輪を広げ、成人の食育推進のレベルアップに努めていきたい。

謝辞

　今回の食育実践を進めるにあたり、多くの方々にご指導とご鞭撻を賜りました。愛媛県南予地方局地域農業育成室の皆さんには、「ふるさと食レベルアップ事業」で大変、お世話になりました。また、南予地域の農漁家民宿や道の駅の関係者の皆さんには、貴重なご意見を頂きました。改めて、心より御礼申し上げます。

文献

石橋和子・伊藤雅子（2019）：「岩手県の郷土料理についての意識と課題：大学生と小学生への調査から」教育実践研究論文集　6、20-26

千葉しのぶ・松元理恵子・改元香（2019）：「郷土料理の伝承における体系的な学習経験が与える女子短大生の思考や行動への影響　かごしま郷土料理ジュニアマイスター講座を通して」鹿児島女子短期大学紀要

愛媛県教育委員会（2004）：えひめ、その食とくらし、愛媛県

日本の食生活全集愛媛編集委員会（1988）：聞き書き　愛媛の食事、農山漁村文化協会

第15章

高齢者と食育システム
―「食の先駆者」として捉え直すことの重要性―

岡村　絹代

1．はじめに

　超高齢社会にある我が国にとって、高齢者の食を支援することは、健全な食生活の実践という枠に留まらず、食を通じて高齢者の精神的な豊かさや生き生きとした生活の実現につながる。2005年に公布・施行された「食育基本法」により、各ライフステージとさまざまな分野・場所における食育活動が展開されてきたが、「食育」の定義が十分でないことから、何を問題として食育に取り組むかは、取り組む側の問題意識によって異なっている。しかし、健康状態が複雑で個人差が大きい高齢者に対しては、食育活動を通じた画一的な栄養指導や管理は困難であることや、長年身についた食生活習慣を主体的に改善することは難しい。さらに、平均寿命の延伸に伴い、要支援・要介護高齢者も増加している現状から、高齢者における「食」の支援や「食育」の推進は、栄養状態の改善と低栄養の予防に着目されがちである。

　一方、老年期における「食」は、生命を維持するだけではなく、楽しみや生きる喜びでもあり、コミュニケーションの手段でもある。また、個々人の食習慣や食文化を反映しており、生涯を通じて健康との関連が深いものである。したがって、高齢者にとっての「食」は、日々の生活や人生そのものであり、栄養管理や健康の維持以上に、価値が高く意味深い日常生活活動であるといえる。

　エリクソンが、「老年期の発達課題は、これまでの人生において、獲得し

てきた力と強さを再体験・再吟味しつつ、英知の感覚へと統合させる生き方を生み出すことである[1)]」と述べているように、高齢者のもてる力を活用した食育活動は、「食」に関する知見と技を再体験・再吟味し、英知の感覚に統合できる自己実現の場となるはずである。高齢者には衰退のイメージもある反面、人生経験が豊かで「食」に関する知恵や知識という強みがある。その強みについて、看護学の分野では注目しているものの、どのように引き出し実践しているのか、そのプロセスは明らかではない。しかし、そこに社会福祉学的視点を融合させることで、地域社会の中で共に生きる生活者として、また食に関する知識や技をもった「食の先駆者」として高齢者を捉えることが可能となる。

　本稿では、高齢者個人の食にかかわる行動が自立すること、もてる力を発揮しながら、高齢者自らが地域社会の中で主体的・自主的に取り組むこと、食育活動を推進する全構成員の綿密な連帯性と協働性による健全な食育活動の実践を「共創」ととらえている。その観点から、食育推進活動における高齢者を「福祉の対象」としての高齢者ではなく、食に関する知識や技をもった「食の先駆者」として捉え直し、高齢者のもつ食の知見や技を主体的に、かつ、積極的に活用すべきであるというスタンスに立った食育システムモデル「超世代食育」として提案する。食育システムのモデルとして、過疎化の進行している農山漁村地域での食育活動の取組を事例とし、筆者のこれまでの知見と経験を統合しながら老年看護学や社会福祉学の観点から分析する。

２．３つのタイプからみた高齢者の食育活動

（1）農山漁村地域の現状と事例地域の概要

　高齢先進国の我が国では、農村部の高齢化の進行は顕著である。高齢化は都市部より20年ほど先行し、平成27（2015）年の山間農業地域の高齢化率は38.5％であり、2045年には53.7％に上昇すると予測されている。また、漁村地域においても高齢化率は全国平均と比較し高く、我が国の農山漁村地域は、

地域社会の衰退に直結しかねない、地域振興が急務な地域である（農林水産省、2009）。

　本稿では、農山漁村地域であり、過疎・過疎化が進行し続けている、愛媛県南宇和郡愛南町（以下、愛南町）を事例町とした。愛南町は、南宇和郡の旧5町村（内海村、御荘町、城辺町、一本松町、西海町）が2004年10月1日に合併して誕生した町である。2015年の国勢調査（総務省、2015）によると、総人口は、21,902人で、過去20年の人口推移は、1995年に31,101人であったが、その後、一貫して減少傾向が続き、減少率は4〜9％前後に及んでいる。世帯数は9,410世帯で、総人口に占める高齢化率は、39.8％に達しており、特に75歳以上の後期高齢者人口が増加している。第一次産業と第三次産業で80％を占め、内陸部は農林業、海岸部は漁業及び魚類養殖の水産業中心の生活を営んでいる。高速道路や鉄道は整備されていない、過疎高齢化が進行している典型的な生活条件不利地域である。

（2）愛南町食育推進計画「愛南食育プラン」における「超世代食育」

　愛南町では、2005年より全国初の「ぎょしょく教育プログラム」を開発・展開していることや、食生活改善推進員による多様な食育事業など、愛南町オリジナルの先進的な食育活動が行われていた。これらの取組をさらに拡充し、食に関する分野が相互に連携しながら食育を推進することが重要であるとの観点から、2010年3月に「みんなで取り組む愛なんの食育─健やかな心とからだと地域力』を基本理念とした『愛なん食育プラン』（愛南町食育推進計画）を策定した。現在、第三次食育推進計画が展開されており、筆者は第一次〜第二次食育推進計画の策定と実践、評価に関与してきた。

　「愛南食育プラン」の基本方針として、①町全体を視野に入れ各分野の活性化と健全化を図る、②健康分野、教育分野、産業分野の一体化を目指し、バランスの取れた総合的な計画、③地域特性を生かした計画、④持続可能性を最優先した計画とした。さらに、これまでの食育活動は、高齢者でもある食生活改善推進員を中心に、さまざまなライフステージ・ライフシーンに対

応して展開されており、地元の食材を活用しながら食文化を継承し、町民の健康にアプローチしていた。したがって、高齢化率の高い愛南町の「愛なん食育プラン」では、高齢者が地域に根ざした食育活動を、世代を超えて実践することを「超世代食育」と名付け、重点アクションプランとして位置づけた。

　筆者は、「超世代食育」の中核となる高齢者の位置づけについて明確にするため、高齢者を画一的にとらえるのではなく、健康状態に応じて「元気高齢者」「要支援高齢者」「要介護高齢者」の3つのタイプで検討することを考えた。「元気高齢者」は、厚生労働省が示している障害老人の日常生活自立度基準J-1ランクの高齢者とした。「要支援高齢者」と「要介護高齢者」は、介護保険法の「要支援状態」と「要介護状態」に該当し、日常生活上の何らかの世話を受けている高齢者とした。そして、3つのタイプに分類した高齢者に対して食生活調査を実施しそれぞれのタイプの高齢者の食に関する特徴や活動を整理するとともに、高齢者のもつ食の知見や技を主体的に、積極的に活用できる食育活動を検討した。その結果を以下に述べていく。

　1）「食育活動」を中心とした元気高齢者の食育
　元気高齢者の代表は、地域活動として長い歴史を持つ食生活改善推進員（以下、食改と略す）であり、健康づくりから地域福祉を担うボランティアとして、自治体や教育機関、地域社会等のあらゆる場で、主体的で積極的な食育活動を展開しているエキスパートである。以下、筆者が実施した元気高齢者の食育活動の現状と課題を述べる[2]。

　食改105名（平均年齢65.9歳）に対する無記名の自記式質問紙調査の結果、平均活動歴は6.1年で、1か月間の食改の事業活動は、平均3.7回の参加であった。90人（90.9％）が食改活動に満足していた。その中から60歳以上の食改10名（平均年齢62.5歳）に、食改活動についてインタビューし、活動の現状を質的に分析した（**表1**）。

　以下、カテゴリーを使って、食改活動の現状と課題を述べる。
　食改は、研修会への参加や料理教室の開催を通じて【活動における喜び】

表 1　元気高齢者（食改）の食育活動の現状（筆者作成）

カテゴリー（5）	サブカテゴリー（24）
活動における喜び	自己研鑽
	自分や家族の健康づくりに役立つ
	料理のレパートリーが増えた
	仲間ができ，交流が深まる
	地域貢献
活動におけるストレス	行政との確執
	役員としての苦労
	事業運営のプレッシャー
	教育活動の困難さ
活動ができる要件	事業日に参加できる
	健康である
	生活が安定している
	自動車を所有している
	仕事を持たない中高年者
	楽しいボランティア
ボランティアとしての限界	頻回な活動回数
	重なる交通費の負担
	多種多様な事業への対応
	ボランティアだけどボランティアではない
活動体制への希望	啓発活動の推進
	若い世代の加入
	地域性の考慮
	出費，活動時間の調整
	活動内容の再検討

を実感し、自己研鑽や役割意識、健康づくりとして役立てていた。講座を受講することも社会参加の一つであるが、学んだ知見や経験を広めることができる食改活動は、高齢者の社会性を高め、役割の創出に役立つ有用な活動である。一方、【活動におけるストレス】と【ボランティアとしての限界】を強く感じていた。高齢者がボランティア活動を通じて地域で役割を持つことは、高齢者の身体的・心理的健康の増進に寄与する（藤原佳典ら、2006）ことからも、食改活動は社会的参加に留まらず、高齢者自身の健康寿命の延伸や介護予防にも貢献できる有効なボランティア活動である。年間40時間以上のボランティア活動により総死亡数のリスクが軽減されるが（Musick.MA, Herzog.R, House.JS, 1999）、140時間以上になるとボランティアに従事しな

い者より健康観の評価が劣る（Van
Willigen.M，2000）ため、高齢者食改
の健康維持と向上に望ましい活動内
容と量的水準を考慮する必要がある。
また、特定者に負担やストレスがか
かる状況を回避し、食改自身の生活
を不安定にさせないように、【活動体
制への希望】を取り入れ、一部の活
動は有償化するなど【活動が継続で

写真1　食育活動推進の世話係と食
　　　　生活改善推進員の皆さん
　　　　（筆者撮影）

きる要件】を整備していくことで、地域社会の中で持続可能な食育活動の先
駆者として期待できる（**写真1**参照）。

　2）「共食」を主眼とした要支援高齢者の食育

　要支援高齢者は、男女ともに一貫して増加している独居高齢者を対象に、
調査した。独居高齢者の日常生活において、「食べること」は、栄養の改善
や生命の維持、QOLや生活リズムの調整にも重要な役割を持っている。そ
の「食べること」は、献立や買い物、料理や後片付けなどの一連の作業を必
要とする継続した生活行為であるが、独居であることや加齢に伴う身体機能
の低下から容易に乱れやすく、長年培った食生活習慣は容易に改善されるも
のではない。

　本調査では、ふれあい・いきいきサロン（以後、サロン）や生きがいデイ
サービス（以後、デイサービス）に参加している要支援高齢者11名（独居歴
15〜30年、女性、平均年齢81.2歳）に、食生活の現状についてインタビュー
を行い質的に分析し、要支援高齢者の食育活動を検討した[5]。以下、**表2**の
カテゴリーを使って、要支援高齢者の食生活の現状と食育活動への課題を述
べる。

　要支援高齢者は、可能な限り節約して食材や料理を自分で作り、それでも
不足する場合は他者の協力を得ながら【不便な食環境への適応】した食生活
を送っていた。また、独居生活の継続には健康が基本だと認識し、自らの食

事観を基盤に、体に良いと思う
食事を積極的に取り入れるなど
【健康であるための努力】を続
けていた。また、自分が食べた
いものを好きなように食べ、少
しのビールを飲むなど、わずか
な贅沢を楽しんでいた。さらに、

表2　要支援高齢者の食生活の現状

カテゴリー（4）	サブカテゴリー（9）
不便な食環境への適応	自分でできることは自分でする
	必要な時は助けを借りる
	無駄なく食べる
健康であるための努力	健康にこだわって食べる
	思ったように食べる
楽しく食べることへの希望	思うように食べられない
	気心の知れた人と共に食べたい
人とのつながりへの期待	気持ちを伝える手段
	役割の喪失

【楽しく食べることへの希望】として、「歯が悪く、固いものは食べられなく
なった」「食が細くなって食べたいものも食べられなくなった」などの健康
状態により、食に対するあきらめがある一方、家族や親しい友人と、食事を
共に楽しむことを望んでおり、生きがいデイでの昼食は、その楽しみの一つ
であった。【人とのつながりへの期待】では、自分が作った野菜や料理をお
世話になっている人への感謝の気持ちとして届けたり、「孫が来たら、カレ
ーを作る。」「家族の命日に好物を作りお供えする」など大切な人への想いを
料理で表現したりしていた。

　他者と食卓を共にすることを「共食」と呼ぶが、足立（2020）によれば、
これは、「生活や社会活動を共有している誰かと食行動を共有すること、食
べる行動だけではなく、作ったり準備する行動や情報を受発信したりするこ
と、そうした食生活を営む力を形成することも含めた食行動である。」と述
べている。したがって、ここでの他者とは、馴染みで気心の知れた誰かであ
り、そこに地域のつながりが重要とな
ってくる。サロンやデイサービスへの
参加を通じて共食の一連の過程をとも
にすることは、その場に集う高齢者に
とって、安心感に加え、生活意欲や食
事の質を向上させるなど多岐にわたる
効果をもたらすといえる。（写真2参
照）

**写真2　ふれあい・いきいきサロンで
の昼食風景（筆者撮影）**

3)「おいしさ」を実感する要介護高齢者の食育

　愛南町の要介護（支援）認定率は、近年20%程度と横ばいである。後期高齢者の増加とともに要介護（支援）認定率も上昇することが予測されているが、要介護高齢者においても「食べること」は、楽しみや生きがいの上からも重要である。

　本調査では、通所介護（以下、デイサービス）を利用している要介護度1〜5ランクの高齢者9名（女性、平均年齢87.3歳）に、普段の食生活の状況や思いについてインタビューを行った。食生活の状況は、【作る】【食べる】【伝承】に分類後、さらに主体的な行動と受動的な行動に分類し、**表3**のように、要介護高齢者の食行動として整理した。

表3　要介護高齢者の食生活

領域	作る	食べる	伝承
		食行動	
主体的行動	・食事は自分で作る ・買い物はタクシーで行く ・買い物は近所の人を連れて行き手伝ってもらう ・デイでもらったレシピを見て家で作る	・デイサービスに来るとおいしく食べられる ・みんなと一緒に食べるとおいしい ・食べたいものを食べる ・魚をよく食べる ・3食とも食べる ・甘いもの食べる ・昼ご飯をしっかり食べる ・田舎の料理や昔の料理が好き ・野菜の煮物をよく食べる	・デイサービスで、昼食やおやつを作る日がある
受動的行動	・食事は子どもが作る ・作った食事をもらう ・週に1回、ヘルパーさんが作る ・魚をもらっても料理や片づけが面倒くさい ・小さいお店で配達してもらう ・こけるので買い物には行かない ・炊事は（嫁に）全部任せたので、手も口も出さない	・家では一人では食べる ・家族と一緒でも一人で食べる ・食が細くなり、たくさん食べられない ・やわらかいものしか食べられない ・食べすぎると太るので控えている ・総義歯で咀嚼しにくい ・膝関節症があり歩きにくい、座りにくい ・片麻痺があり、座りにくい、食べにくい ・むせて苦しい ・晩ごはんは、簡単に済ませる ・何が食べたいということもない	・どこかで食事を作る事はない ・誰かに教えることはない

　主体的な食行動は、【作る】【食べる】過程において、高齢者自身の意思決定に基づき、買い物や料理、好きなものを食べ、食事を共にする楽しみとして現れていた。受動的な行動としては、【作る】【食べる】過程において、子どもや他者に依存し支援してもらうことが前提にあり、家族と同居していても食事は一人で食べる等、家族への遠慮や身体機能の低下が影響していた。一方、【伝承】する行動は見られなかった。要介護者自身は、「この年になったから炊事は任せている」「膝や腰が痛くてどこにもいけない」など、対象者全員が、年齢を意識し、日常生活を維持する以上の積極的な活動はあきらめているようだった。

　したがって、主体的な行動が起きにくい要介護高齢者に対しては、地域密着型の介護保険事業や福祉サービスを積極的に活用し、その事業の中で、【作る】【食べる】【伝承】の機能を生かした食育活動を意図的に取り入れることで、食のQOLが向上する可能性がある。足立（2020）によれば、咀嚼力や嚥下力が低下している高齢者にとって「食事がおいしい」と感じることは、生きる喜びや活力となるため、要介護高齢者においてはQOLを根底においた障害レベルに合わせた支援が必要となる。

３.「超世代食育」に向けた新たな食育システムのモデル化

　以上の結果を踏まえ、料理過程にある「作る」「食べる」「伝承」という食行動に着目しながら、食育活動が持続可能で生き生きとした高齢者の生活（自己実現）と地域社会につながることを目指し、３つのタイプの高齢者の健康状態に応じた食育活動のポイントを整理した（図1）。

　「元気高齢者」には、食育活動の中点的存在として健康増進や社会性の拡大を目指した「食教育」の視点を取り入れること。「要支援高齢者」には、慣れ親しんだ地域での共食を中心に、健康増進や社会性の拡大とともに介護予防の視点も取り入れること。「要介護高齢者」には、おいしさを実感し食べることで食の質が向上するように楽しみの視点を取り入れることを見出し

図１　高齢者の健康状態に応じた食育活動（筆者作成）

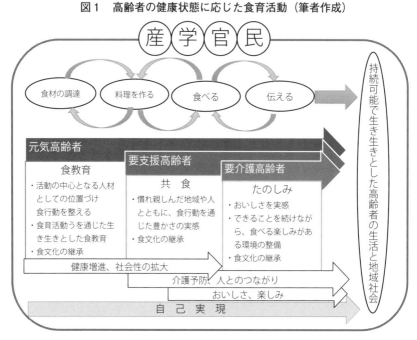

た。

　また、３つのタイプの高齢者が「超世代食育」の中核となる位置づけを、既存の地域の保健・医療・福祉の場面に応じて分類した結果、「元気高齢者」と「要支援高齢者」は、食育活動の主体でもあり客体でもあるが、「要介護者」になるほど客体の要素が強くなり、社会福祉や介護保険事業の活用頻度が増えていた（**図２**）。このことから、「元気高齢者」であるときこそ、地域の食育活動や社会福祉事業の担い手として積極的に出向き、主体・客体としての「食教育」を中心とした健康の増進と社会性の拡大に努めることで、「要支援高齢者」「要介護高齢者」となる時期を可能な限り遅らせ、高齢者自身の健康寿命の延伸に寄与するとともに、持続可能な地域社会の構築につながる可能性が見いだせた。

　愛南町でのこのような食育活動の例として、「あいなん食の学び舎」事業がある。この事業は、従来の食生活改善推進協議会事業であった「料理教

図2 「超世代食育」の中核となる高齢者の位置づけ（筆者作成）

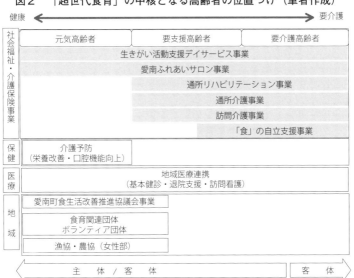

室」や「栄養に関する授業」を、「父と子ども」「おばあちゃんと孫」として
具体的な対象者を絞り、異世代交流ができる配慮をしたものである。「料理
教室」や「栄養に関する授業」は、町民対象の食育アンケート結果により、
町民が最も希望している食育活動でもある。2010年度の実績は、様々なライ
フステージを対象に、地域別に年間65回開催し、参加者述べ人数1709人、食
改述べ人数189人が参加し、活発な食育活動として展開できた。今後も活動
の継続により、世代間交流や健康寿命に延伸に寄与できると考える。さらに、
「要支援高齢者」となっても、食育活動で培った知見や人とのかかわりは、
慣れ親しんだ地域住民とのつながりを大切にした「共食」の場面においても、
豊かな食生活や介護予防にもつながっていく。愛南町での具体例としては、
「高齢者食サロン」の開催がある。この事業は、愛南町社会福祉協議会によ
る「愛南ふれあいサロン（以下、サロン）」を活用したもので、一人暮らし
や日中独居の高齢者を対象に、食改や民生委員などの協力を得て、地域交流
の場とした昼食会を開催するものである。2010年度には、すでに昼食会とし

て、小地区単位での馴染みで気の合うもの同士の共食の場、交流を深める憩いの場ともなっており、目的は果たされている。

　「要介護高齢者」においては、「おいしさ」を実感しながら食べることの楽しみを持てることが重要である。「改正介護保険法」（2006年）では、地域支援事業における高齢者の「栄養改善」に関する基本的な考え方として、「食べること」を通じて、高齢者自らが低栄養の改善や重度化の予防を図ることを支援し、高齢者の自己実現を目標としている。したがって介護保険を利用した「通所系のサービス」や「訪問介護サービス」、「食の自立支援事業（配食サービス）」を食育の場面ととらえ、「要介護高齢者」の食環境を整えることで「おいしさの実感」へとつなげたい。以上の特徴を活かし、特に主体的・積極的な活動が期待される「元気高齢者」を中心に、自治体や高齢者を取り巻く各種団体と共創できるように、事例町の食育推進計画の内容に組み込み、**図3**として、「超世代食育」システムとしてモデル化した。愛南町においてこのモデルの運用と評価を行いながら「超世代食育」システムとして確立できれば、類似地域においても有益で活用可能な食育システムとしての運用も可能である。

4．おわりに

　本章では、過疎高齢化の進行している農山漁村地域での食育活動の取組を事例に、「食の先駆者」としての高齢者に光を当てた食育システムモデル「超世代食育」を提案した。「超世代食育」の実践において特に意識してきたことは、高齢者はもちろん関係専門職者、地域住民による「協働」「連携」「主体的な参加」である。愛南町は、合併前の各地域（旧町村、地区単位）特性が顕著である。A. Dunham（1958）は、コミュニティとは「適度に小規模で地理的に隣接するエリアに住む人間の集団であり、態度、習慣、伝統、話し方といった共同生活の重要な要素をもつもの」と定義しているように、愛南町においても各地域住民の文化的背景や生活感の違いがあり、生活の基盤となる小地域別の馴染みの関係が、コミュニティの基盤であった。したが

図3　「超世代食育システム」のモデル図（筆者作成）

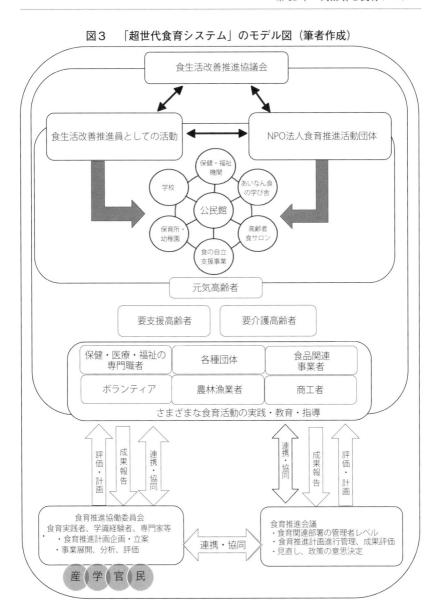

って、町全体を一括りとした画一的な「食育」ではなく、「地域密着」という観点から、各地域特性における様々な食育活動の内容と方法をネットワーク化し、「共創」のもとに展開していく必要があった。その中心となるのは、高齢化率の高い地域においては「高齢者」である。高齢者のポジティブな側面に注目し、その上で、地域特性や多様な価値観やニーズ、多様な世代に向けた食育活動を通じて、高齢者の持てる力を最大限に活用し、運用していくところに世代を超えた「超世代食育」としての意味や価値がある。

　この過程で筆者が重要視したことは、高齢者の食育活動を一括して展開するのではなく、地域特性と高齢者のおかれたコンディションに応じた取組である。そのひとつのモデルとして、その視点と地域特性を踏まえて「自助・互助・共助・公助」の輪に組み込んでいくこと、また既存の食育に関連する事業に組みこんでいくことで、食育活動を地域住民と産学官民の「共創」のもとに、推進することが重要である。さらに、この食育モデルの中でも、中心的な枠割を担い、高齢者自身がもつ知見や技を発揮できるのは、「元気高齢者」である。高齢者自らが積極的に取り組む食育活動そのものは、高齢者自身の健康増進や介護予防に寄与するだけではなく、長くなった老年期をより豊かにし、精神的な豊かさやいきいきとした生活につながっていく。共創の観点からも、「元気高齢者」を「食の先駆者」として位置づけ、積極的に活用すべきであり、また、「高齢者の世紀」である21世紀を、高齢者が健康で生きがいを持って社会参加できるよう、「活力ある高齢者像」を構築することはゴールドプラン21の基本目標でもある。老化現象が現れ、社会活動の変化が起きたとしても、高齢者自身や周囲の環境が積極的な姿勢をもち続けるならば、高齢者には円熟の可能性がある。超高齢社会であるからこそ、高齢者に光を当ててその力を活用することは、高齢者自身の人生の誇りや自己実現ともなる。高齢者を主体とした「超世代食育」として展開することで、過疎・高齢化地域においても、食文化の継承のみならず持続可能な地域社会の実現にも寄与できると考える。

謝辞

　本稿をまとめる基礎となった高齢者の食生活に関する調査において、調査対象者のご紹介や分析内容の確認などに快くご協力いただきました愛南町役場保健福祉課、愛南町地域包括支援センター、愛南町社会福祉協議会の皆様、そしてインタビュー調査を通じてデイサービスやデイケア、ふれあい・いきいきサロンでお会いすることができた愛南町の高齢者の皆様に心より感謝とお礼を申し上げます。

注
1）E. H. エリクソン（2001）：ライフサイクル　その完結、みすず書房
2）岡村絹代、若林良和（2009）：介護予防の観点から元気高齢者が地域食育システムの担い手となる要件—高齢者食生活改善推進員の活動の分析から—，日本食育学会誌6（2）、p163-171
3）Musick.MA, Herzog. R, House. JS（1999）：Volunteering and mortality among older adults: findings from a national sample.JGerontol 54（B），p173-180
4）Van Willigen. M（2000）：Differential benefits of volunteering across the life course. J Gerontol 55（B），308-318
5）岡村絹代（2012）：過疎地における女性独居高齢者の食生活の構成要素、介護福祉学、19（1）、16-25

文献
足立己幸、共食がなぜ注目されているか（2020）：40年間の共食・孤食研究と実践から、名古屋学芸大学健康・栄養研究所、超高齢社会における孤食と共食　ソーシャル・インクルージョンの観点から、未来共創（7）
Arthur Dunham（1958）：Community Welfare Organization : Principles and Practice15, Thomas Y. Crowell Company

おわりに

1．総括：食育推進基本計画と「共創」による食育実践の方途

　食育の「周知から普及へ」、「普及から実践へ」、「実践から連携（協働）
へ」。そして、その先にあるのが食育の「共創」であると編者は考える。食
育の必要性を十分に理解し食生活のなかで的確に実践して、それらをさらに
深化させることで、多義的な意味を持った「共創」の状況となる。これまで
４次にわたる食育推進基本計画（以下、食育計画と略す）のコンセプトの推
移からも、本書で紹介した15事例に及ぶ食育実践（以下、15の食育実践と略
す）からも、これからの食に関連する取組には「共創」の考えが不可欠なこ
とは明白であろう。そして、編者が本書を『食育共創論』と名付けた理由は、
食育実践論の体系化に鍵となる概念の一つとして「共創」があると考えたこ
とにある。それで、本書においては、地域密着と世代重視に関わる食育実践
のポリシーやコンテンツ、メソッド、ノウハウを多面的に検討してきたが、
「共創」の捉え方は食の未来を拓くと思われる。そして、「食育共創」の究極
的な到達点は、ダイバーシティ（多様性）の尊重と担保による食育実践であ
る。そのためには、食育の実践者と受益者が共生する社会において、「食育
共創」の対象や方法、内容について明確化にしておく必要があるだろう。

　15の食育実践に関して、重点分野や対象地域、ライフステージ、キーワー
ドの各項目を一括して整理したものが**表1**である。それらの項目からも、前
述したダイバーシティの重要性は裏付けられる。

　以上のような前提をもとに、まず、食育計画との関連から「食育共創」の
方向性について検討したい。15の食育実践が展開された第３次食育計画期間、
これから食育実践されるべき第４次食育計画期間と両期間中における重点的
な課題や項目に留意しながら、食育実践において「共創」の考えが重視され

るべきことを説明しておく。第4次食育計画は、第3次食育計画からの継承を前提に、国際的な取組と視点、食と農のつながり、持続可能な食がポイントになる。そこで具体的に看守すべきキーワードとして、第3次食育計画と第4次食育計画に通底するのが「生涯」、「健康」、「生活」、「文化」であり、そして、第4次食育計画で最重視されたのは「持続可能性」や「デジタル化」である。したがって、①心身の健康を考慮した生涯にわたる食育、②地域の特性（独自性や差異性）を尊重した生活文化に関わる食育、③SDGs（持続可能な開発目標）を意識した持続可能な食育、④After／Withコロナを想定したICT（情報通信技術）による食育と、これら4つが今後の食育実践を主導していく場合の重点的な検討事項となるのは明白である。

　まず、心身の健康を考慮した生涯食育であるが、乳幼児期から老年期までの全世代を通した食育の実践は当初の食育計画からの課題であった。乳幼児期をはじめ各世代での食生活習慣の確立、欠食率や栄養バランスを考慮した健康の管理と増進、それを意識した食生活の実現が求められる。これらの実現に向けて、教育現場では栄養教諭の指導が重要となる。そして、これまでの食に対する意識と行動に注目すると、公的なサポートが入りやすい幼保・学童期と老年期については、積極的な生涯食育の実践が概ね可能であろう。したがって、食育実践のポイントは、時系列的には、青年期から成人期、壮年期にいたる食育である。この期間の食育は、15の食育実践（第2・3・6・8章）を踏まえると、様々な生活シーンのなかでできるだけ、体系立てて、あるいは無理な場合には断片的であっても、食に関わる情報を共有し続けることが肝心であろう。そして、青年期の食育については、15の食育実践（第7・10・12・13章）によると、大学や短期大学の栄養課程などで学ぶ学生にどのようにモチベーションを持たせて維持し、かつ、それを一般の学生らに普及し実践させていくかが重要となる。また、15の食育実践（第14章）からすると、成人を対象とした食育実践は様々な機会を通して提供していくことが不可欠であり、官と民の両サイドで料理教室の実施形態や実施方法を周到に検討していくべきであろう。

表1　15事例の食育実践に関する概要

【地域密着】

章	1	2	3
執筆者	若林良和・猪野啓士郎	間々田理彦	三宅和彦
重点分野	産業・教育	産業・教育	産業・教育
対象地域	愛媛県愛南町・松山市 東京都各区	福井県小浜市 富山県氷見市	愛媛県松山市・伊予市
ライフステージ	学童期	全世代	全世代
キーワード	ぎょしょく教育 地域水産業 学校教育 地域アイデンティティ シビックプライド	行政 農協 地域 まちづくり 保育園	6次産業 食の輪 えひめ食育プラットフォーム 持続可能性 SDGs

【世代重視】

章	8	9	10	11
執筆者	藤田昌子	阿部覚・田中恵子	西村栄恵・後藤由佳	嶋田さおり
重点分野	産業・教育	産業・教育	教育・健康	教育・健康
対象地域	愛媛県宇和島市	石川県七尾市	愛媛県宇和島市	愛媛県愛南町
ライフステージ	全世代	乳幼児期・青年期	学童期・青年期	学童期
キーワード	漁家女性 SDGs 地域活性化 協働 地域生活課題	ぎょしょく教育 給食事業 若年世代 地域循環システム SDGs	学童期 体験学習 世代間交流 協働 地域交流	栄養教諭 食育 ボランティア ぎょしょく教育 学校給食

乳幼児：〜6歳　学童：〜13歳　青年：〜22歳　成人：〜40歳　壮年：〜64歳　老年：65歳〜

　次に、地域の独自性を尊重した生活文化に関わる食育は、地域に密着した食育の実践ということになる。地場産業や地域生活、地域文化など地域資源と総称し得るコンテンツをうまく活用して、効果的で、より説得的な食育実践が求められよう。たとえば、食文化の継承に向けた郷土料理や伝統料理の積極的な導入とその応用、学校給食をはじめ様々な生活シーンでの地場産物や国産食材の利活用が重視される一方、国際的には和食文化の普及が想定できる。15の食育実践（第1〜15章のすべて）からも、地域における農水産物や食生活文化などの特性に裏付けられたイベント、あるいは、地域住民の共

（筆者作成）

4	5	6	7
山下三香子	和田広美	千葉しのぶ	皆川勝子
健康・教育	教育・産業	教育・産業	教育・健康
鹿児島県薩摩川内市	愛媛県宇和島市	鹿児島県霧島市	愛媛県松山市
老年期	乳幼児期	全世代	学童期・青年期
食生活改善推進員	地場産物	地域食文化	児童
ソーシャル・キャピタル	幼児期	食育 NPO	孤食
高齢者	食育活動	地元学	SDGs
地域包括ケアシステム	五感	食の文化祭	食品ロス
食育リーダー	子育て支援	家庭料理大集合	調理ボランティア

12	13	14	15
田中洋子	土海一美	森岡智子	岡村絹代
健康・教育	教育・健康	教育・健康	健康・教育
愛媛県松山市	岡山県美作市	愛媛県南予地域	愛媛県愛南町
青年期	青年期	成人期・壮年期	老年期
肥満	簡易型自記式食事歴質問票	成人期	高齢者
メタボリックシンドローム	日本版 GHQ	地産地消	食の先駆者
行動変容	精神的健康度	新メニュー開発	過疎高齢化社会
時間栄養学	スマートフォン	地域食	超世代食育
公衆衛生	食育 SAT システム	料理教室	自己実現

通理解をもとにした独創的な取組など多様で新たな試みが展開されている。これらの実践は今後、さらにブラッシュアップされ、系統的で、実質的に取り組むことで、地域ぐるみの「共創」で地域力を高められるだろう。そして、持続可能な食を支える食育実践として、環境〜人〜和食文化の輪が提示されているが、その前提には「関係性」の構築がある。高齢者を含めた全世代による食育ボランティアの拡大、それに、食育実践ネットワークや食育推進プラットホームの確立といった関係性の強化は、今後の食育の取組において、これまで以上に重要であろう。

それから、SDGsを意識した持続可能な食育では、そこに提示された17の
ゴールの多くが食育実践にも連動し、多岐にわたる実践が可能となる。15の
食育実践（第3・7・8・9章）からすると、SDGsの視点からみた食育実
践は、少なくとも目標番号の3（人々に保健と福祉を）、4（質の高い教育
をみんなに）、12（つくる責任つかう責任）、14（海の豊かさを守ろう）、15
（陸の豊かさを守ろう）などにつながることが明白である。それらは「共創」
の起点となる可能性を強く持つものと言える。健康的な生活の維持と増進を
最終的な目標としながら、農漁業体験や地産地消、食品ロスなど農水産業、
食品産業の産業的な側面と、海と山の連鎖系といった環境教育、食の安全性
や栄養に関する消費者教育などの教育的な側面の有機的な連携で相乗的な効
果を目指した食育実践が必須となるだろう。

　そして、After／Withコロナを想定したICT食育であるが、新たな日常と
デジタル化の模索される社会状況下、ICT利活用はコロナ禍で更に拍車がか
かっている。新しい生活様式の実践が求められるなか、コロナ禍の食生活事
情として、外出自粛などによる在宅時間の増大が例示できる。自宅での調理
や食事の機会増大で、全世代において、家族との共食、栄養バランスや食品
ロス、食文化に対する意識に高まりがみられる。したがって、今後、ますま
すICTの重要性がクローズアップされていくことは容易に想像できる。15の
食育実践（第1・13章）を踏まえると、ICTの積極的な利活用に向けたコン
テンツとツール開発が当面の課題になるだろう。小中学校などの教育現場に
おけるハード面でのインフラ整備は進んでいるようだが、先進地域の事例か
らも、今後、食育教材などコンテンツ開発が課題になると想定される。また、
食育実践におけるICT利活用のメリットとデメリットに関する検証をもとに
したハイブリッドな食育システムの構築が不可欠である。他方、現代の食育
が生涯食育を前提していることから、デジタル化対応に困難がつきまといや
すい高齢者への配慮は不可欠であるだろう。

2．展望：これからの食育実践における「食育共創」の重要性

　「食育共創」の基本的な方向性は、食育計画に示された基本方針（重点事項）や推進目標、推進内容などの完遂するために多面的な食育実践を展開することにある。そして、その本来的な意義は食育、食産業、食文化など食関連の取組から、食に関わる新たな価値の再生と創生である。「食育共創」は、前述したとおり、そのコンテンツ開発やメソッド検討によって、食育の最適化につなげられるだろう。

　「食育共創」で様々なコンテンツをもとに実践活動を通して得られた新たな価値は、極めて多元的なものである。15の食育実践（第1〜15章のすべて）をもとに例示するならば、地域教育的・経済産業的・文化資源的・栄養改善的・地域生活的・精神ボランティア的・自然環境的・社会システム的・公衆衛生的・健康福祉的な価値などがあげられ、それらは多岐にわたる。したがって、食育実践の体系化をはじめとする食育研究において、編者が『日本食育学会誌』12-2（2018年4月刊）の「巻頭言」（p.93）で結語として強調したように、今後も、トランスディシプリナリー（超学際的）な研究アプローチが基本となるだろう。

　そして、食をめぐる従来の実践や事業の枠組みを超えるべく、地域の多様なステークホルダーとの交流と連携をもとに構築されるのが「食育共創」である。15の食育実践（第1〜15章すべて）をみると、各章で示された図表や写真、文末にある「謝辞」に示されている内容の多くは、食育実践で協働（支援、協力、賛同などを含む）を得た地域のステークホルダーとなっている。具体的には、市町や県などの地方自治体、JF（漁協）やJA（農業）、民間企業、幼稚園・保育所や小中高等学校、大学、各種の協議会、福祉団体、さらに、農漁業者をはじめ生産者、地域おこし協力隊、食生活改善推進員、NPO法人スタッフ、道の駅スタッフのほか、地域住民などと枚挙にいとまがない。産官学民連携と簡単に言ってしまうが、食育実践に当たって、これ

らのステークホルダーが至高の理解者であり、パートナーであることに相違ない。そして、その連携と協働では、実に多様な担い手と多角的な体制、多面的な運営が展開されて、「食育共創」に至ることが明白であった。改めて言うまでもないが、「食育共創」の重要な基盤として、ステークホルダーの存在とその連携・協働が存在するわけである。

　食・食育とそれに関わる実践は、これまでも、そして、これからも、人間の命の根源であって、未来を生きる力の基盤となるものである。したがって、これからの食育実践において、「原点回帰」のスタンスを保持しながら、「共創」の精神をもとで市民活動、あるいは、地域住民ベースの運動と位置付けた「食育共創」の時代が到来すると言えるだろう。

　本書の執筆者、つまり、15の食育実践に関わる皆さんはもちろん、最後まで読んでいただいた読者の皆さん、国内外の食・食育関係各位による、今後の更なる精励的な食育推進を大いに期待して、本書を閉じることとする。

（若林　良和）

索引

【執筆者紹介（担当章順）】

はじめに　若林　良和　（編者紹介　参照）
第1章　　若林　良和　（編者紹介　参照）
　　　　　猪野　啓士郎（愛南町教育委員会学校教育課課長補佐、学校教育論）M
第2章　　間々田　理彦（愛媛大学大学院農学研究科准教授、農業経済学）
第3章　　三宅　和彦　（株式会社愛媛銀行執行役員、食料経営学）D
第4章　　山下　三香子（鹿児島県立短期大学生活科学科准教授、食支援論）D
第5章　　和田　広美　（宇和島市役所福祉課子育て支援室専門員、幼児教育）M
第6章　　千葉　しのぶ（NPO法人霧島食育研究会理事長、地域食文化論）M
第7章　　皆川　勝子　（松山東雲短期大学食物栄養学科元准教授、家庭科教育）D
第8章　　藤田　昌子　（愛媛大学教育学部教授、生活経営学）D
第9章　　阿部　覚　　（株式会社ミナトフーズ企画室長、食料経営学）D
　　　　　田中　恵子　（株式会社ミナトフーズセンター長、栄養科学）
第10章　 西村　栄恵　（金沢学院大学栄養学部准教授、調理科学）
　　　　　後藤　由佳　（環太平洋大学次世代教育学部准教授、保育・幼児教育）
第11章　 嶋田　さおり（安田女子大学家政学部准教授、調理科学）D
第12章　 田中　洋子　（松山東雲短期大学食物栄養学科准教授、公衆栄養学）D
第13章　 土海　一美　（美作大学生活科学部准教授、栄養教育）
第14章　 森岡　智子　（TOMOクッキングスクール主宰、栄養科学）M
第15章　 岡村　絹代　（朝日大学保健医療学部教授、老年看護学）D
おわりに　若林　良和　（編者紹介　参照）

※（　　）：所属の右にある、Dは愛媛大学大学連合農学研究科（博士課程）修了
　者を、Mが愛媛大学大学院農学〔教育学〕研究科（修士課程）修了者を、それぞ
　れ意味する。

【編者紹介】

若林　良和

愛媛大学理事・副学長、南予水産研究センター・社会共創学部・大学院農学研究科教授。

1959年滋賀県生まれ。1981年学習院大学法学部卒業、1987年佛教大学大学院社会学研究科博士課程修了。1990年国立放送教育開発センター研究開発部助手、1992年松山東雲女子大学人文学部助教授、1997年高知大学教育学部教授、2001年愛媛大学農学部教授を経て現職。博士（水産学）。

日本カツオ学会顧問（前会長）、地域漁業学会元会長、日本食育学会理事、漁業経済学会理事などのほか、農水省や水産庁、経産省、NIADの委員などを歴任。専門は水産社会学、カツオ産業文化論、ぎょしょく教育論。

著書として、単著に『カツオ一本釣り』中公新書、『水産社会論』御茶の水書房、『カツオの産業と文化』成山堂書店、『カツオと日本社会』筑波書房ブックレット、編著書（編集代表）に『ぎょしょく教育』筑波書房、『カツオ学入門』筑波書房、『愛媛学を拓く』創風社出版、『大学的愛媛ガイド』昭和堂があり、そのほかに著書や学術論文など多数。

食育共創論
～地域密着と世代重視の実践から食の未来を拓く～

2021年10月29日　第1版第1刷発行

編　者◆若林 良和
発行人◆鶴見 治彦
発行所◆筑波書房
　　　　東京都新宿区神楽坂 2-19 銀鈴会館 〒162-0825
　　　　☎ 03-3267-8599
　　　　郵便振替 00150-3-39715
　　　　http://www.tsukuba-shobo.co.jp

定価はカバーに表示してあります。

印刷・製本＝平河工業社
ISBN978-4-8119-0611-9　C3033